www.ingramcontent.com/pod-product-compliance
Lightning Source LLC
LaVergne TN
LVHW020449070526
838199LV00063B/4896
9789358722734

اردو ادب میں نسائی تنقید

(مضامین)

مرتب:

فرح عندلیب

© Taemeer Publications LLC

Urdu Adab mein Nisayi Tanqeed (Essays)
by: Farha Andaleeb
Edition: February '2024
Publisher :
Taemeer Publications LLC (Michigan, USA / Hyderabad, India)

ISBN 978-93-5872-273-4

مصنف یا ناشر کی پیشگی اجازت کے بغیر اس کتاب کا کوئی بھی حصہ کسی بھی شکل میں بشمول ویب سائٹ پر اَپ لوڈنگ کے لیے استعمال نہ کیا جائے۔ نیز اس کتاب پر کسی بھی قسم کے تنازع کو نمٹانے کا اختیار صرف حیدرآباد (تلنگانہ) کی عدلیہ کو ہو گا۔

© تعمیر پبلی کیشنز

کتاب	:	**اردو ادب میں نسائی تنقید** (مضامین)
مرتبہ	:	**فرح عندلیب**
صنف	:	تحقیق و تنقید
ناشر	:	تعمیر پبلی کیشنز (حیدرآباد، انڈیا)
سالِ اشاعت	:	۲۰۲۴ء
صفحات	:	۱۱۴
سرورق ڈیزائن	:	تعمیر ویب ڈیزائن

فہرست

	نسائی شعور، نسائی ادب اور نسائی تنقید		6
(۱)	اردو ادب میں نسائی تنقید کا تجزیاتی مطالعہ	صابر عدنانی	12
(۲)	تانیثت کا نظریاتی پس منظر اور اردو کا ادب نسواں	احمد سہیل	17
(۳)	نسائی شعور اور ناول	ڈاکٹر صوفیہ یوسف	25
(۴)	تانیثیت: چند بنیادی مباحث	جاں نثار معین	30
(۵)	خواتین ادب تاریخ و تنقید۔۔۔	ابو شحمہ انصاری	69
(۶)	نسائی ادب اور تانیثیت از اکرم کُنجاہی	رئیس احمد صمدانی	74
(۷)	تانیثی تنقید	حیدر قریشی	78
(۸)	تانیثی ادب کی شناخت اور تعیّنِ قدر	ابوالکلام قاسمی	86
(۹)	نئی غزل اور تانیثی حسیت مضمون نگار	شاذیہ عمیر	101

نسائی شعور، نسائی ادب اور نسائی تنقید

گذشتہ صدی میں خواتین ناول اور افسانہ نگاروں نے جو کارنامے انجام دیئے ہیں وہ کسی سے پوشیدہ نہیں۔ انہوں نے نہ صرف اپنے فن کا لوہا منوایا بلکہ اردو ادب کا دامن معرکتہ الآراء ناولوں سے بھر دیا۔

پہلی خاتون ناول نگار "رشیدہ النساء" ہیں جنہوں نے ۱۸۸۱ میں ناول "اصلاح النساء" لکھا تھا۔ ڈپٹی نذیر احمد اور اس دور کے دیگر ناول نگاروں کی طرز پر لکھا ہوا یہ ناول ان کے صاحب زادے محمد سلیمان نے ۱۸۹۴ء میں شائع کیا۔ جب وہ ولایت سے بیرسٹری کی تعلیم حاصل کر کے واپس آئے۔ اس کی ابتدائی اشاعتوں پر مصنفہ کے بجائے والدہ محمد سلیمان لکھا گیا ہے۔ یہ کتاب نایاب تھی اس کا نیا ایڈیشن ۲۰۰۰ء میں مصنفہ کے اصل نام سے چھپا ہے۔ اصلاح النساء کی اشاعت میں ۱۳ سال کی تاخیر، اس کے پہلے ایڈیشن کے دیباچے میں مصنفہ کا نام نہ ہونا اور سارے مردانہ رشتوں کے حوالے اس بات کے آئینہ دار ہیں کہ انیسویں صدی کے اختتام تک ادب کے میدان میں قدم رکھنا محال تھا۔ تاہم بیسویں صدی کے وسط میں خواتین ناول نگارں نے وہ معرکہ انجام دیا کہ اردو ادب کی تاریخ ان کے ناول اور افسانوں کے حوالے کے بغیر لکھنا ممکن نہیں رہا۔ عصمت چغتائی کا ناول "ٹیڑھی لکیر" اور قرۃ العین حیدر کا ناول "آگ کا دریا" اردو کے اہم ترین فن پاروں میں شمار ہوتے ہیں۔ ان سے پہلے بیگم نذر سجاد حیدر اور بیگم حجاب امتیاز علی تاج کی تحریریں پڑھنے والوں کی توجہ حاصل کر چکی ہیں۔ مگر عصمت چغتائی اور قرۃ العین حیدر

کے ناولوں اور افسانوں نے قارئین اور ناقدین پر مطالعے کے نئے باب کھولے۔ عصمت چغتائی کا ناول "ٹیڑھی لکیر" اور افسانہ "لحاف" نسائی اظہار کی بہت واضح مثال ہے۔ ٹیڑھی لکیر میں عصمت چغتائی نے بہت جرأت سے اس نسائی شعور کا اظہار کر دیا ہے جو اس وقت تک نظر انداز ہوتا رہا ہے۔ اسی طرح قرۃ العین حیدر کا ناول "آگ کا دریا" ایک ایسا ناول ہے جو پوسٹ ماڈرن فیمنسٹ نقادوں کے مطابق جن میں ژولیا کرسٹیوا سر فہرست ہیں، عورت کے تصور وقت کی مثال پیش کرتا ہے۔ قرۃ العین حیدر کے ناولوں اور افسانوں میں نسائی شعور کا مکمل ادراک و اظہار ملتا ہے اور کہیں کہیں بہت نمایاں ہو جاتا ہے۔ "اگلے جنم موہے بٹیا نہ کی جیو" اس کی مثال ہے۔

ترقی پسند تحریک خواتین کے لئے خصوصاً افسانہ نگار اور ناول نگار خواتین کے لئے بہت ساز گار ثابت ہوئی جس نے ڈاکٹر رشید جہاں، صدیقہ بیگم سہاروی، عصمت چغتائی، خدیجہ مستور، ہاجرہ مسرور جیسی لکھنے والیوں کو سامنے لا کر یہ غلط فہمی دور کر دی کہ خواتین کوئی کارنامہ انجام نہیں دے سکتیں۔ خدیجہ مستور کے ناول "آنگن" کی پذیرائی ہوئی۔ ان کے فوراً بعد جمیلہ ہاشمی کے ناول "تلاش بہاراں" اور "دشت سوس" الطاف فاطمہ کا ناول "دستک نہ دو" رضیہ فصیح احمد کا ناول "آبلہ پا" مقبول ہوئے۔ ہاجرہ مسرور، بیگم اختر جمال، نثار عزیز بٹ، خالدہ حسین، فرخندہ لودھی کی تحریروں نے ادبی مقام حاصل کیا۔ بانو قدسیہ اپنے افسانوں، ناولوں اور ڈراموں کے ساتھ ادبی افق پر نمودار ہوئیں اور بہت معتبر حوالہ بنیں۔ زاہدہ حنا، رشیدہ رضویہ، فردوس حیدر، نیلم بشیر احمد، نگہت حسن افسانے کو جاری رکھے ہوئے ہیں۔ حال ہی میں فہمیدہ ریاض کی کہانیوں کا مجموعہ "خط مرموز" اور عذرا عباس کا مجموعہ "راستے مجھے بلاتے ہیں" سامنے آیا ہے جن میں نسائی شعور نمایاں ہے۔ میری کہانیوں کے مجموعے "کہانیاں گم ہو جاتی ہیں" کے

دیباچے میں ضمیر علی نے ان کہانیوں کو نسائی شعور کی مثال قرار دیا ہے۔

ہندوستان میں واجدہ تبسم اور جیلانی بانو نے ان موضوعات کا احاطہ کیا جو خواتین کے تجربے ہو سکتے ہیں۔ بیرون ملک لکھنے والی خواتین میں محسنہ جیلانی، نعیمہ ضیاء الدین، رفعت مرتضیٰ، پروین فرحت اور دیگر کئی خواتین اچھی کہانیاں لکھ رہی ہیں۔

افسانوں کے حوالے سے خالدہ حسین کا نام اس لئے بہت اہم ہے کہ ترقی پسند افسانہ نگاروں نے افسانوی ادب کو جس مقام تک پہنچایا تھا خالدہ حسین نے وہاں سے ایک اور رخ کی طرف سفر اختیار کیا۔ ان کے افسانوں نے جدید ادب کے ناقدین کو اپنی جانب متوجہ کیا مگر ان کا اس طرح مطالعہ اب تک نہیں کیا گیا جیسا "سواری" جیسی کہانی لکھنے والی کا ہونا چاہیے تھا۔ خالدہ حسین نے اس کہانی میں علامت اور واقعہ نگاری کا ایک ایسا امتزاج پیش کیا ہے جو معنی اور کیفیت دونوں سطح پر قاری کو متاثر کرتا ہے۔ ان کی کہانیوں میں ایک ایسی فضا ہے جس میں ہمارے دور کی تلخیاں دل میں غبار سا بکھیر دیتی ہیں۔ ایسے افسانے جس کی کچکچاہٹ دانتوں میں محسوس ہو سانحہ بھوپال کے بعد "سواری" کی شدت کو پوری طرح محسوس کیا گیا۔ خالدہ حسین کی کہانیاں اس پراسراریت کے شعور کو بیدار کرتی ہیں جس پر آرٹ کی بنیاد ہے۔ جس کی مثال تمام بڑے شعرا اور فنکاروں کے یہاں ملتی ہے۔

تنقید میں خواتین کا نام صرف ممتاز شریں تک محدود رہ گیا۔ وہ اچھی افسانہ نگار ہونے کے ساتھ ساتھ افسانوی ادب کی بڑی نقاد بھی تھیں۔ منٹو کی کہانیوں کا انہوں نے تفصیل سے تنقیدی جائزہ لیا اور اس میں شک نہیں کہ منٹو کے کرداروں کے تجزیئے سے ان کی کہانیوں کی جہتیں کھلتی ہیں اور بحیثیت افسانہ نگار منٹو کی قامت کا اندازہ ہوتا ہے۔ ممتاز شیریں نے منٹو کی کردار نگاری کا جائزہ لینے کے ساتھ ساتھ ان مقامات کی

نشاندہی بھی کی ہے جہاں ان کی گرفت کردار پر ڈھیلی پڑ گئی ہے جس کی وجہ ممتاز شیریں کے خیال میں غیر ضروری تفصیلات ہیں۔ وہ اس حوالے سے ایک کامیاب تجزیہ نگار ہیں کہ وہ کہانی لکھنے والے کو تبصرہ نگار نہیں دیکھنا چاہتیں۔ ان کے اس رویئے میں ان کے افسانوی ادب کے مطالعے کا بڑا دخل ہے۔ مثلاً انہوں نے موپساں اور چیخوف کا تقابلی موازنہ کرتے ہوئے منٹو کو موپساں کے قبیلے میں رکھا ہے۔ یہ درست بھی ہے کہ موپساں کے افسانوں اور ناول میں کہانی کردار نگاری سے بڑھتی ہے اور کردار اپنے رویوں سے ابھرتے ہیں، مصنف کے تبصرے سے نہیں۔ ممتاز شیریں کا وسیع مطالعہ ان کے تنقیدی رویئے کی تشکیل میں مددگار ہے اور ان کے تخلیقی ذہن نے انہیں اس مقام تک پہنچایا جہاں نقاد اور تخلیق کار ایک ہو جاتا ہے۔ تنقید میں انہوں نے نئے موضوعات پر قلم اٹھایا۔ منفی ناول (Anti Novel) وجودی نقطۂ نظر، مغربی رجحانات پوری تفہیم کے ساتھ ان کا موضوع بنے اور اس طرح انہوں نے اردو ادب میں نئے دریچے کھولے۔ ان کی تحریروں میں آج کے عہد کی حسیت نمایاں ہے جس میں مشرق و مغرب کا متوازن ثقافتی امتزاج جھلکتا ہے۔ آج جب کہ تنقید میں عالمی تناظر (World View) پر خصوصی توجہ دی جارہی ہے ان کے مضامین کی اہمیت اس لئے بھی بڑھ جاتی ہے کہ وہ اردو کی پہلی نقاد ہیں جن کے یہاں World View ہے۔ بلاشبہ ممتاز شیریں نے تنقید کے شعبے میں خواتین کو صف اول میں لاکھڑا کیا ہے مگر ان کے بعد کوئی قابل ذکر نام سامنے نہیں آیا۔ خواتین ادیب و شاعرات کو اس جانب خصوصی توجہ دینی چاہیے کہ تنقید کے شعبے کو متوازن کرنے کے علاوہ یہ اس لئے بھی ضروری ہے کہ انہیں ایک ایسی صورت حال کا سامنا بھی ہے جو نسائی ادب کی تفہیم کے لئے بالکل سازگار ہے۔ خواتین کی تحریروں کا بہتر تجزیہ خواتین ہی کر سکتی ہیں۔ مرد ناقدین کا رویہ یا تو سرپرستانہ

(Patronizing) ہے یا جانب دارانہ (Prejudiced)۔ یہ دونوں صورتیں تخلیقی ادب کے لئے نقصان دہ ہیں۔

بین الاقوامی صورت حال یہ ہے کہ 1960ء سے خواتین کی تحریک نے ادبی مطالعے کا رخ بدل دیا ہے۔ مغرب میں بھی تنقید کی ذمہ داریاں زیادہ تر مردوں کے کاندھوں پر تھیں لیکن اب جو خواتین نقاد سامنے آئی ہیں انہوں نے نسائی کلچر کو فائدہ پہنچایا ہے۔ اب تنقید خالصتاً مردانہ فلسفوں یا ادبی تھیوری کی بنیاد پر نہیں ہو رہی ہے بلکہ اس نقطہ نظر سے بھی ادب کو دیکھا جا رہا ہے کہ ان میں مردانہ اور نسائی اقدار کو کس حد تک سمویا گیا ہے اور نسائی تنقید ادبی تجزیئے کی ایک اہم بنیاد بن گئی ہے۔ ہمارے یہاں نسائی تنقید پر سنجیدہ توجہ کی بے حد ضرورت ہے کیوں کہ جب بھی نسائی ادب پر بات ہوتی ہے تو فوری رد عمل یہ سامنے آتا ہے کہ خواتین کا الگ ڈبہ بنایا جا رہا ہے جس کی کوئی ضرورت نہیں۔ دوسرا رد عمل یہ ہوتا ہے کہ خواتین کا مسئلہ کیا ہے؟ انہیں سب کچھ تو حاصل ہے وہ آخر چاہتی کیا ہیں؟ اور پھر اس بات پر اتفاق کر لیا جاتا ہے کہ نسائی ادب مغرب سے آنے والا فیشن ہے جسے کپڑوں اور میک اپ کی طرح خواتین نے اپنا لیا ہے۔ متعصب ناقدین جو کچھ بھی لیں وہ اس بات کا کوئی منطقی جواب نہیں دے سکے کہ نسائی شعور کا مطالعہ کرنے والوں کو کس خانے میں رکھا جائے اور کیا خواتین کی تخلیقات کا مطالعہ سماجی اور تاریخی رویوں کو نظر انداز کر کے کیا جا سکتا ہے جو ان کی تحریروں پر اثرانداز ہوتے رہے ہیں اور ان کی تحریروں کی جانب مرد تنقید نگاروں کے رویوں پر بھی مغرب سے آنے والی تحریکوں نے جب بھی ہمارے پورے ادب پر اثر ڈالا ہے اتنا شدید رد عمل کیوں سامنے نہیں آیا۔ مثلاً ترقی پسند جدیدیت، وجودیت، ساختیات کی رو کہاں سے آئی؟ اب اگر خواتین مغرب

میں لکھی جانے والی نسائی تنقید کو اپنے یہاں ادبی رویوں پر منطبق دیکھ رہی ہیں تو اسے صرف مغرب کی تقلید کہنے کا کیا جواز ہے؟ کیا یہ حقیقت نہیں ہے کہ اردو ادب کی تاریخ میں خواتین کا نام نہیں ملتا؟ کیا یہ درست نہیں کہ ادا جعفری کا ذکر صرف یہ کہہ کر کیا جاتا ہے کہ وہ پہلی شاعرہ ہیں جس نے اردو شاعری میں اپنا مقام بنایا۔ مردانہ ڈبے میں یہ مقام کہاں ہیں؟ اس پر خاموشی ہے۔

نسائی ادب، اردو ادب کا قابل قدر حصہ رہا ہے۔ نسائی شعور کی روایت ہمارے ثقافتی رجحان Cultural Mindset کی ترجمانی کرتی ہے۔ یہ خواتین کی ادراک و شعور کی آئینہ دار ہے۔ نسائی اظہار کا رویہ تاریخ سے جڑا ہوا ہے۔ نسائی ادب و تنقید نہ تو مغرب کی نقالی ہے نہ اس کا کوئی تصادم ہمارے اقدار سے ہے بلکہ یہ ہماری آبادی کے نصف حصے کی ذہنی و فکری سفر کا مطالعہ پیش کرتا ہے۔ یہ خواتین قلم کاروں کا نقطۂ نظر (point of view) کو پیش کر رہا ہے اور آج ادب میں نقطہ نظر کی اہمیت سے انکار نہیں کیا جا سکتا۔ یہی وجہ ہے کہ مابعد جدیدیت کے مختلف اسکول نسائی شعور کے نقطۂ نظر پر متفق ہیں۔

(ا) اردو ادب میں نسائی تنقید (روایت، مسائل و مباحث) کا تجزیاتی مطالعہ

صابر عدنانی

ڈاکٹر عظمیٰ فرمان فاروقی کی تصنیف "اردو ادب میں نسائی تنقید (روایت، مسائل و مباحث)" اس لحاظ سے خصوصاً اہمیت کی حامل ہے کہ مصنفہ نے مشرق و مغرب میں ہونے والی نسائی تحاریک کا احاطہ بڑی عمدگی سے کیا ہے، وہ کسی ایک نظریے اور ایک طبقے کی حامی ہونے کے بجائے ایک معتدل نقاد کے طور پر تمام چیزوں کو دیکھ اور پرکھ رہی ہیں اور تعصّب سے بالاتر ہو کر تجزیہ کر رہی ہیں۔ اُنھوں نے بھرپور انداز میں مختصر تاریخی حوالے دے کر تمام ہی شعبہ ہائے زندگی سے تعلق رکھنے والوں کی نمائندگی کی ہے۔ اُنھوں نے اپنی اس تصنیف کے ذریعے نسائی تحریک پر کام کرنے والوں کے لیے نئے در کھول دیئے ہیں۔ بلاشبہ وہ ایک غیر جانب دار نقاد کی حیثیت سے اپنا سکّہ جمانے میں کامیاب رہی ہیں۔ اس تصنیف کے ذریعے اردو ادب کے طالب علموں کو نسائی تنقید سمجھنے میں بڑی مدد ملے گی۔

ڈاکٹر عظمیٰ فرمان فاروقی کی زیرِ نظر تصنیف تین ابواب پر مشتمل ہے۔ باب اوّل "نسائیت ایک تعارف" کے تحت ذیلی عنوانات "نسائیت کیا ہے"، "نسائیت کی اہم شاخیں"، "جدید علوم وفنون اور نسائیت کا دبستان" شامل ہیں۔ باب دوم "جنوبی ایشیا (پاک وہند) میں نسائیت / فیمنزم کی تحریک اور اردو ادب" کے تحت ذیلی عنوانات

"تاریخی پس منظر"، "تعلیم نسواں کی تحریک"، "اصلاحی نسائیت"، "تحریک آزادی کی نسائی آوازیں"، "ترقی پسند نسائیت"، "دیگر ادبی رجحانات اور تحاریک" شامل ہیں جب کہ باب سوم "اردو کا نسائی دبستانِ تنقید" کے تحت "نسائی تنقید" (تعریف، روایت)، "اردو ادب کے اہم تنقیدی دبستان"، "نسائی دبستان"، "رجحانات"، "اہم نسائی نقاد"، "مسائل ومباحث" شامل ہیں۔

مصنفہ نے باب اوّل میں تعارف پیش کیا ہے، اور نسائیت کی اہم شاخیں، جدید علوم اور نسائیت کا دبستان وغیرہ پر بحث کی ہے۔ باب دوم میں جنوبی ایشیا میں اس تحریک کے اردو ادب پر اثرات اور تاریخی حوالے پیش کیے ہیں جب کہ باب سوم میں نسائی تنقید اس کے رجحانات اور اہم نقادوں اور مسائل ومباحث پر محققانہ و نقادانہ بحث کی ہے۔

تحریکِ نسواں یا فیمینزم (Feminism) ایک طبقے کی نظر میں تحریک ہے اورایک طبقہ اسے نظریہ قرار دیتا ہے۔ نسوانی تنقید عورت کے عرفانِ نفس کے جس تصور کی امین ہے، اس کا تعلق مابعد جدیدیت کے علاوہ نسوانی تحریک سے بھی ہے۔ نسوانی تحریک کا نقطہ آغاز انقلابِ فرانس ۱۷۷۹ء سے شروع ہوا۔ نسوانی تنقید کے مباحث میں شدت ۱۹۶۰ء کی دہائی کے آخر میں پیدا ہوئی۔

نسوانی تنقید بیک وقت ریڈیکل، آئیڈیالوجیکل اور پولیٹکل جہات اختیار کرتی ہے۔ نسوانی تنقید ایک حد تک 'جنسی اور صنفی فرقہ واریت' کو ہوا دیتی محسوس ہوتی ہے۔ مگر بحیثیت مجموعی یہ انسانی کلچر کو مردانہ اور نسوانی ثقافتوں سے مرکب قرار دینے میں کوشاں نظر آتی ہے۔ نسائی تحریک ایک قدم آگے بڑھ کر عورت کی شناخت اور اہمیت کو اُجاگر کرنے میں بھی سرگرم رہی ہے اور ایسے اصول فراہم کیے ہیں، جو نسائی، خود نسائی تخلیقی عمل اور نسوانی تہذیب و ثقافت کو نمایاں کرنے میں اہم کردار ادا کرتی ہے۔

مغرب میں نسائی تحریک کی ابتدا اٹھارویں صدی سے شروع ہو چکی تھی۔اس سلسلے میں شائع ہونے والا پہلا اظہار ۱۷۹۲ء میں میری وال اسٹون کرافٹ (Mary Wallstone Craft) نے تحریر کیا۔پھر ۱۸۴۵ء میں ماگریٹ فلر نے " Women in the ۱۹th Century" تحریر کی۔۱۸۶۹ء میں جون اسٹارٹ مِل (John Staurt Mill) کی مشہور تصنیف "The Subjection of Women" شائع ہوئی۔۱۹۴۹ء میں فرانس کی ادیبہ سائمن ڈی بووا کی کتاب "The Second Sex" منظر عام پر آئی۔ اسی طرح بیسویں صدی کی چھٹی دہائی بیٹی فرائڈن (Betty Friedan) کی کتاب "The Feminine Mystique" شائع ہوئی۔بعد میں میری ایلمان (Mary Ellman)، کیٹ میلٹ (Kate Millet)، جوڈی فیٹرلی (Judith Fetterly)، ایلن شوالٹر (Elaine Showalter) وغیرہ قابلِ ذکر ہیں۔

ابتدائے اسلام ہی سے اس تحریک کی شروعات ہو چکی تھی اور اسلام کے فلسفۂ حیات میں آزادیٔ نسواں کو کلیدی حیثیت حاصل ہے۔ دیگر مذاہب میں پھر بھی عورتوں کے حقوق کہیں نہ کہیں غضب نظر آتے ہیں جیسا کہ عیسائیت میں ایک عورت نن بن جائے تو پھر وہ زندگی بھر اپنی مذہبی روایت کی تابع رہتی ہے۔ ہندومت میں اگر کسی عورت کے شوہر کا انتقال ہو جائے تو وہ ہمیشہ بیوگی کی زندگی گزارتی ہے۔ مگر اسلام میں عورتوں کے حقوق اور آزادیٔ نسواں کو بڑی اہمیت حاصل ہے، آج کی آزادیٔ نسواں کے علم بردار جو بے مہار آزادی کا مطالبہ کر رہے ہیں، اسلام میں بے مہار آزادی کی گنجائش نہیں ہے، بلکہ دینِ اسلام میں عورتوں کو وہ تمام حقوق باوقار طریقے سے حاصل ہیں جنھیں اسلام میں جائز قرار دیا گیا ہے۔

آزادیٔ نسواں کی تحریک میں عورت کی حکمرانی اور حق رائے دہی، معاشی پہلو سے

عورت کا حقِ جائیداد، تصرف اور ملازمت اور دینی لحاظ سے عورت کی تعلیم، اس کی شخصی اور انفرادی تربیت اور اس کے ذاتی استقلال کے مسائل شامل ہیں۔ ان مسائل پر لکھنے والی خواتین میں فاطمہ مرنیسی، فریدہ حسین، اسما برلاس، امینہ ودود، عزیزہ الحبری، ساجدہ علوی، زیبامیر حسینی، لیلیٰ احمد، دینیز کاندیوتی وغیرہ شامل ہیں۔

اسلام میں آزادیٔ نسواں پر لکھی جانے والی تحریروں میں غالباً سب سے پہلی کتاب ۱۸۹۹ء میں 'تحریر المراۃ' شائع ہوئی جسے مصری ماہر قانون، مؤرخ اور ادیب قاسم امین نے لکھی۔ برصغیر میں انیسویں صدی میں "حقوقِ نسواں" پر مولانا ممتاز علی نے بھی ایک کتاب لکھی۔ عورتوں میں تعلیم کی اہمیت کو اُجاگر کرنے کے لیے مولانا اشرف علی تھانوی نے "بہشتی زیور" لکھی، جسے مذہبی گھرانوں میں بہت مقبولیت حاصل ہوئی۔

ڈپٹی نذیر احمد کو اردو کا پہلا ناول نگار ہی نہیں بلکہ عورتوں کی تعلیم کے لیے کام کرنے والوں میں پہلا ادیب بھی شمار کیا جاتا ہے، ان کے ابتدائی ناول "مراۃ العروس" اور "بنات النعش" عورتوں کی تعلیم ہی کی غرض سے لکھے گئے۔

سرشار کے ناول فسانہ آزاد میں بھی عورتوں کی تعلیم سے متعلق مثبت خیالات نظر آتے ہیں۔ ۱۸۷۰ء میں حالی نے ایک نظم "چپ کی داد" پڑھی، اس میں عورتوں کی تعلیمی اور تہذیبی حالتِ زار پر بڑی دردمندی تھی۔ سرسید کے دوسرے ساتھیوں میں مولوی ذکاء اللہ، مولوی چراغ حسن، نواب محسن الملک اور مولانا شبلی نعمانی نے بھی عورتوں کی تعلیم کے حق میں مضامین لکھے۔اس کے بعد نوجوانوں میں شیخ عبداللہ اور سجاد حیدر یلدرم کا نام بھی اہم ہے۔

تعلیم نسواں کے حوالے سے بعض خواتین بھی سامنے آئیں ان خواتین میں سب سے اہم نام بھوپال کی نواب سلطان جہاں بیگم کا ہے جنھوں نے خود بھی لکھا اور اوروں

سے بھی لکھوایا۔ اُنھوں نے عورتوں کے لیے تعلیم پر خصوصی توجہ دی، مدرسے کھلوائے، کتب خانہ حمیدیہ قائم کیا، اس کے علاوہ "مدرسہ آصفیہ "کا قیام بھی بیگم صاحبہ ہی کی وجہ سے ہوا، جہاں عورتوں کو ڈاکٹری اور طب یونانی کی تعلیم دی جاتی تھی۔

نثر نگاری کے حوالے سے بھی کئی خواتین رشیدۃ النساء، محمدی بیگم، نذر سجاد، حمیدہ بانو، مسز عبد اللہ سلطان بیگم، بیگم ممتاز علی، عطیہ فیضی، صغریٰ ہمایوں، کنیز فاطمہ، خجستہ اختر، ا۔ ض۔ حسن بیگم، بیگم شاہنواز، طیبہ بیگم، ضیا بیگم، صالحہ عابد حسین کے نام آتے ہیں۔ رشیدۃ النساء پہلی خاتون ناول نگار ہیں جن کا ناول ۱۸۸۱ء میں "اصلاح النساء" کے نام سے شائع ہوا تھا۔

ترقی پسند تحریک کے حوالے سے بات کی جائے تو پریم چند، احمد علی، رشید جہاں، محمود الظفر کسی تعارف کے محتاج نہیں۔ اُنھوں نے عورتوں کے سماجی، سیاسی، مذہبی، معاشرتی مسائل پر قلم اُٹھایا۔ احمد علی، رشید جہاں اور محمود الظفر نے تو "انگارے" میں ایسے ایسے مضامین قلم بند کیے، جنھیں پڑھ کر برصغیر کی خواتین میں حقوقِ نسواں کی آگاہی پیدا ہوئی اور اُنھیں اس بات کا احساس ہونے لگا کہ ہمارے حقوق کیا ہیں اور ہمیں کس طرح انھیں حاصل کرنا چاہئیں۔

نسائی تحریک میں بے شمار اہم شاخیں ہیں، مگر زیرِ نظر تبصرے میں ان پر بحث کرنا ممکن نہیں۔ اسی وجہ سے انتہائی اہم اور نامور شخصیات کا ذکر نہیں کیا جاسکا، مگر اُن کے کارنامے اور نسائی تحریک کے لیے خدمات سنگِ میل کی حیثیت رکھتی ہیں۔

ڈاکٹر اعظمی فرمان کی کتاب اردو ادب میں نسائی تنقید (روایت، مسائل ومباحث) ادب میں ایک منفرد حیثیت کی حامل قرار دی جاسکتی ہے۔

(۲) تانیثت کا نظریاتی پس منظر اور اردو کا ادب نسواں

احمد سہیل

تانیثی ادب اور تنقید مخصوص جنسی گروہ کے لیے قلم بند کی جاتی ہے۔ جس کے لکھنے والے اور قاری مخصوص جنسی گروہ سور رجحان سے وابستہ ہوتے ہیں۔ کیونکہ اس جنسی گروہ کا معاشرے میں مخصوص کردار ہوتا ہے۔ ۱۹۶۰ میں یہ رویئے جدید رنگوں مین ایک عمرانیاتی شعور کے ساتھ ہمارے مطالعوں اور سوچوں کا حصہ بنے۔ تانیثیت {FEMINISM} کے معاشرتی اور ادبی نظریاتی مطالعات میں جنسی تعصّبات کے حوالے سے بہت حساس رہاہے۔ اس کے سکہ بند تصورات پر سوالات بھی اٹھاتی ہے۔ تانیثی تنقید میں مارکسی، فرائدین، ساختیاتی پس ثانیثی تنقید، رد ثانیثی تنقید، نئ ثانیثی تنقید، نسلی اور مذھبی ثانیثیت تناظر میں اپنی اپنی تعبیرات اور تفاسیر بیان کی گئ ہیں۔ اس کو عورت کی مزاحمت اور احتجاج کا نظریہ بھی کہا جاتا ہے۔ جو عورتوں کے بارے میں تصورات، مفروضات کو منفرد سیاق وسباق عطا کرتے ہیں۔ کہا جاتا ہے ثانیثی ادب کے متن میں کچھ امور اور معاملات ایسے ہوتے ہیں جن کو اسے صرف عورت ہی سمجھ سکتی ہے۔ اور سمجھا سکتی ہے۔ کیونکہ عورت کے تجربات اور حساسیّت کو مرد کلی طور پر سمجھ نہیں پاتا۔ مارکسی فلکریات میں تانیثیت سے کچھ زیادہ دلچسپی اور ہمدردی کے جذبات نظر نہیں آتے کیونکہ یساریت پسند فکریات میں طبقاتی درجہ بندی میں خواتین کا علحیدہ وجود تسلیم نہیں کیا جاتا۔ اسی طرح فرائڈ کی فکر میں انسانی تعلقات کے عمل کیمیائی وانسلاکات اور بین العمل میں مرد کا آلہ تناسل کو ثانیثی تجزیات سے منسلک کر دیتا ہے۔ جو شارح اور

رہنما بھی ہے۔ جو قوت مقتدر بھی ہے۔ سوال یہ ہے کہ کیا تانیثی تنقید اور مطالعوں کے زریعے عورت اپنے مادّی نظام کی گم شدہ شجرہ نسب کو دریافت کر سکتی ہے۔ حیدر قریشی رقم طراز ہیں " صدیوں سے انسانی معاشرہ میں عورت کو کم تر درجہ دیا گیا لیکن یہ بھی درست ہے کہ عورت کو مرد کے برابر لانے کے لیے تدریجاً کام بھی ہوتا آرہا ہے۔ اور اب تو یہ کام بس تھوڑے سے فرق کے ساتھ رہ گیا ہے۔ مرد حضرات کھڑے ہو کر سہولت کے ساتھ پیشاب کر سکتے ہیں جبکہ خواتین ایسا نہیں کر سکتیں۔ سو مرد کی اتنی سی فضیلت تو ابھی باقی ہے۔ جب یہ بھی عملاً چیلنج ہو گئی تب دونوں کی حیثیت برابر ہو جائے گی۔ "عورت اور لغات" میں عورت کی جو حیثیت سامنے لائی جاتی رہی ہے، اس کے بیشتر حصے بہر حال افسوس ناک ہیں۔ یہاں اردو اور انگریزی لغات سے چند مثالیں عبرت کے طور پر پیش کر رہا ہوں۔

فرہنگِ آصفیہ : عورت۔ آدمی کے جسم کا وہ حصہ یا ضو جس کا کھولنا موجب شرم ہے۔ (مجازاً) زن، استری، ناری، جورو، بیوی، زوجہ۔ (ص۔ ۱۳۸۲) جیلانی بانو کے ناول "ایوانِ غزل" میں نسوانی کردار

لفظ زنانہ صفت کے اعتبار سے ان معنوں کا حامل ہے۔ نامرد، ڈھیلا، سست، زن صفت، بزدل۔ (ص ۱۰۸۰)

نور اللغات (جلد سوم): عورت۔ وہ چیز جس کے دیکھنے دکھانے سے شرم آئے۔ ناف سے ٹخنہ تک جسمِ انسان کا حصہ۔

زوجہ۔ بیوی، آدمی کے جسم کا وہ حصہ جس کا کھولنا موجبِ شرم ہے جیسے ستر عورت، یعنی شرم کے مقام کا چھپانا

ضرب الامثال: عورت کی ذات بے وفا ہوتی ہے۔ عورت سے وفا نہیں

ہوتی۔ عورت کی عقل گدی کے پیچھے۔ عورت بے وقوف ہوتی ہے۔ عورت کی ناک نہ ہوتی توگُو کھاتی۔ عورت ناقص العقل ہوتی ہے۔

(نوراللغات ص۵۷۵)

فیروز اللغات: عورت اور گھوڑا ران تلے (ص۔۹۰۶)۔۔۔۔ {"ثانیثی تنقید" : ایک روزن ۲۰ ۱اکتوبر۲۰۱۷}

حامدی کاشمیری لکھتے ہیں" موجودہ شعری صورت حال پر (فی الوقت شعری صورت حال ہی پیش نظر ہے) جو کم و بیش مغرب کے ساتھ ساتھ مشرق میں بھی موجود ہے۔ایک نظر ڈال کر تنقیدی تناظر میں تانیثیت کے حولے سے کئی سوالات سر اُٹھاتے ہیں، مثلاً:

۱۔ تانیثی ادب / تانیثی تنقید کی اصطلاحات وضع کرنے کا کیا جواز ہے ؟

۲۔ کیا خواتین کی تخلیقی حسیت مردوں سے مختلف ہے ؟

۳۔ قدیم ادوار میں عورتوں نے مردوں کی طرح قلم ہاتھ میں کیوں نہیں لیا؟

۴۔ کیا خواتین کے لکھنے کے محرکات مردوں سے مختلف ہیں ؟

۵۔ کیا خواتین قلم کار مروجہ زبان میں جو مردوں کی زبان ہے، ترسیلیت کا حق ادا کرتی ہیں ؟

۶۔ خواتین، تنقید نگاری میں مردوں سے پیچھے کیوں ہیں ؟

۷۔ کیا مرد نقاد، نسوانی تخلیقات کا غیر جانب دارانہ اور منصفانہ احتساب کرسکتے ہیں ؟

ان سوالات اور اس نوع کے دیگر سوالات کا جواب تلاشنے سے قبل (جس کی کوشش آگے کی جائے گی) خواتین قلم کاروں کے مجموعی Output کی تنگ دامنی کو ذہن میں رکھنا ہو گا۔یہ بھی یاد رکھنا ہو گا کہ جس طرح قدیم زمانے سے مرد تخلیق کار ذہنی

تحفظات اور امتناعات سے ماوراہو کر، آزادی نفس کے ساتھ لکھتے رہے ہیں، خواتین ایسے خطوط پر لکھنے سے محترز اور معذور رہی ہیں۔ اس کا سبب جاننے کے لیے ہمیں یہ دیکھنا ہو گا کہ معاشرتی، تمدنی اور معاشی پس منظر میں مردوں کے معاشرے میں عورت کا کیا مقام رہا ہے، اور وہ کس حد تک اپنی شخصیت کی تخلیقی انرجی کا ادراک، تحفظ، استحکام اور اظہار کرتی رہی ہے۔ یہ گویا عورت کا گھریلو، ازدواجی، سماجی اور تمدنی حیثیت اور اس سے بڑھ کر اس کی تخلیقی انفرادیت کو دریافت کرنے کا عمل ہے۔ {"عورتوں کا ادب: کچھ پرانے اور کچھ نئے سوال" ایک روزن، ۱۶ جنوری ۲۰۱۷}

یہ مرد کی معاشرتی مرکزیت اور مقتدریت کو بڑا چیلنج تھا۔ کیا اب حوّا کو اتنی آسانی سے جنّت سے باہر نکالا نہیں جاسکتا۔ سوال یہ ہے کہ مرد، عورت کے متنوّن کی حساسیّت کی افقی، عمودی اور افقی سطح پر بیاں، تشریح اور اس کی تفہیم کر سکتا ہے؟ اصل میں تانیثی ادب عورتوں کی آزادی، احتجاج، مزاحمت سے منسلک ہے۔ جہاں ان کے معاشرتی حقوق حاوی " مقولہ " ہے۔ جیاں عورت کو " شے " یا کھلونا" سمجھا جاتا ہے۔ رافد اُویس بھٹ اپنے مضمون "نسوانی تنقید" میں لکھتے ہیں "ایک مسلمہ حقیقت ہے کہ عورت طبقہ پر ہمیشہ مرد طبقہ کی بالادستی رہی ہے اور عورت کو مرد سے کم تر تصور کیا گیا ہے۔ ہو سکتا ہے کہ عورت پہ بالادستی جنسی تعصبات کی وجہ سے بھی ہو سکتی ہے۔ کیونکہ عورت کو صنف نازک متصور کر کے "نازک دلی"" رقیق القلبی" اور "شرم وحیا" جیسی خصوصیات کا لیبل لگا کے ہمیشہ مردانہ اقتدار اور مردانہ طاقت عورت طبقہ پر غالب رہی ہے۔ عورتوں کو مرد کے مقابلے میں ایک کمتر مخلوق تصور کیا گیا ہے اور اس وجہ سے ہمیشہ "مادرانہ نظام" کے مقابلے میں" پدرانہ نظام" غالب رہا ہے اور نتیجتاً عورت کے بارے میں جو تصورات، مفروضات اور نظریات پیش کئے گئے ہیں وہ سب مردوں کے متعین کردہ ہیں

اور عورت ثقافتی، جنسی اور صنفی تعصبات کا شکار ہو کر ثانوی جنس متصور ہوئی"۔

جانثار مومن نے لکھا ہے "عربی لفظ 'تانیث" تانیثیت' سے مشتق انگریزی متبادل'Feminism' لاطینی اصطلاح 'Femina' کا مترادف ہے۔ معنیٰ و مفہوم تَحرِیکِ نِسواں، نَظرِیَہ، حَقُوقِ نِسواں اور نِسوانِیَت کے ہیں۔ ابتدا ۱۸۷۱ء میں فرنچ میڈیکل ٹکسٹ میں لفظFeminist نسوانیت والے مردوں کے لیے استعمال کیا گیا تھا۔ مغرب میں تحریک آزادی نسواں حامیوں کو بھی کہا گیا۔ بعد میں باقاعدہ لفظ'Feminism' تحریک نسواں کی اصطلاح بن گیا۔ اور 'حقوق نسواں'، آزادی نسواں' یا 'ناری آندولن' سے جانی جانے والی تحریک کے بنیادی نظریات میں سیاسی، سماجی، معاشی، معاشرتی، تعلیمی، اخلاقی اور تہذیبی طور پر دونوں جنس کے لیے مساویانہ حقوق کے ہیں۔ بالخصوص نسائی حقوق سے جڑی تمام فکروں کا مرکب ہے۔ اس تحریک کی خواتین علمبر داروں کے لیے'Womanist' اصطلاح مستعمل ہے۔ لفظ 'کاز' بھی تانیثی مسائل کے لیے انہیں ناقدین کے استعمال میں ہے۔ اس کے برعکس عورت پسندی'Womanism' ہے جو خواتین میں رجولیت نازن پسندی'Feminism' ہے۔ یہ دونوں مختلف مکاتب کی فکریں ہیں۔ اس تحریک کا مقصد خواتین کے وہ تمام مسائل جو آنسوؤں سے لیکر مسکراہٹ تک در پیش آتے ہوں۔ اس ضمن میں ایلین شو والٹر نے تانیثی تنقید کی چار اہم جہات کی نشاندہی کی "۱۔ حیاتیاتی ۲۔ لسانیاتی ۳۔ تحلیلِ نفسی ۴۔ کلچرل تنقید۔" لیکنFeminism کی علمبر دار بھی اس تحریک کی مناسب اصطلاح یا لفظ کی تلاش میں نظر آتی ہیں۔ "تحریک نسواں کی حامی فکر یہ ہیں آخر جب 'عورت' کے لیے کس لفظ کا استعمال ہونا چاہیے 'ویمن' کا استعمال تو مسئلہ پیدا کرتا ہے یہ بعض اوقات 'ویمن' (عورت) استعمال میں ہے اس کا مطلب 'تمام خواتین' نہیں ہوتی۔" "یہی

خیالJudith Event کا بھی ہے "نہ عورت،نہ مرد۔تحریک نسواں کا ہدفAndrogynous یعنی دونوں کے جنسی امتیازات مٹا کر لفظ جنس(Gender) تمام اختلافات کا بدل یا اَہداف ہے۔موجودہ حقوقِ نسواں کی ناقدین۔اصطلاح Feminist ہے اور تحریک آزادی نسواں کے لیےFeminism ہے"۔چند "ثانیت" عورت پن یا نسوانیت نہیں ہوتی جو شعور جنس اجتماعی ہے۔جس کی مثال کے طور پر، رابعہ بصری، خالدہ ادیب خانم، بوشیدہ جہان خانم، عطیہ فیضی، سلویا پاتھ، روجینا ولف، اینا سیکٹن، ایریکا ژوگ، خیر النسا جعفری، عطیہ داود، عصمت چختائی، ممتاز شیریں کشور ناہید، خالدہ حسین، خیر النسا جعفری فہیمدہ ریاض، ثمینہ راجا، سارہ شگفتہ وغیرہ کی تخلیقی اور تنقیدی تحریریں ملتی ہیں۔۔کوئز نظریئے کے حوالے ثانیثی تصارات کو اجاگر کیا گیا جن میں ایوا سیڈوک،، جیوڈتھ بٹلر پیش پیش ہیں۔چند اردو کے ادبی رسائل نے ثانیثی حوالے سے بڑی اچھی تحریروں کو اپنے منرجات میں شامل کیا۔مثلا لاس انجلیس، کیلے فورنیا ،امریکہ سے ایک زمانے میں اردو کا ادبی جریدہ "مشاعرہ" چھپا کرتا تھا اب یہ رسالہ چھپنا بند ھو گیا ھے۔اس کی مدیرہ نیر جہاں ہوا کرتی تھیں۔اس کو جریدے کو مدیر نے اسے سوئیز کا نام دیا۔یہ خوب صورت رسالہ تھا۔یہ خصوصی نمبر لاس انجلیس کے افسانہ نگاروں پر مشتمل ھے۔اس میں ۷ خواتین افسانہ نگار شامل ہیں، ایک بھی مرد افسانہ نگار اس شمارے میں نظر نہیں آتے۔۔یہ نومبر ۱۹۹۹ میں چھپا تھا۔اس پرچے میں افسانہ نگاروں اور افسانوں کی فہرست یوں بنتی ھے:

۱ منجور{نیمہ ضیاالدین}

۲۔مہندی کے دورنگ[نیر جہاں}

۳۔من حرامی تے حجتاں دے ڈھیر[روبینہ نورین}

۴۔ اور سورج ڈوب گیا {لالی چوہدری}

۵۔ صفحہ سات کالم چار {آصفہ نشاط}

۶۔ چنے کی دال {روحی فرخ}

۷۔ یہ تہذیب {صفیہ سمیع احمد}

ایسی ہی کیفیت جیلانی بانو کے نوال "ایوال غزل میں ملتی ہے"

اردو ادب میں خواتین کے مسائل پر بہت کچھ لکھا گیا۔ نثر ہو یا شاعری ان کی زبوں حالی اور ان کی تعریف پر ہر شاعر اور فکشن نگار نے قلم اُٹھایا ہے۔ جیلانی بانو نے بھی اپنے دونوں ناولوں میں سماجی و سیاسی سطح پر خواتین کے ساتھ ہونے والی ظلم و زیادتی کو پیش کیا ہے۔ جیلانی بانو نے خواتین پر ہونے والے گھریلو تشدت کو بے باک انداز میں پیش کیا ہے۔ ان کے ناولوں میں کم سن لڑکی، نوجوان خاتون، بیوی، ساس اور ہر وہ خاتون رشتہ جو کسی نہ کسی طرح انسانی رشتوں سے منسلک ہوتا ہے پریشان، تکلیف دہ نظر آتا ہے۔ ان کے ناولوں کی خواتین کردار گھریلو زندگی، خاندانی سازیشوں، سماجی نہ برابرگی کا شکار ہیں جو فرسودہ معاشرے اور مطلب پرست گھریلو خاندانی نظام کی پول کھولتی ہیں۔

جیلانی بانو نے اپنے زورِ قلم سے ۱۹۷۲ء میں ناول 'ایوانِ غزل" تحریر کیا۔ ناول کا موضوع معاشرتی و سیاسی ہے جس میں مسلم گھرانوں میں خواتین کے ساتھ ہونے والی نسلی و جسمانی تشدد کی داستان بیان کی گئی ہے۔ جیلانی بانو مسلم گھرانوں میں پنپنے والے ان مسائل کو بے پردہ کیا ہے جو شائد بیسویں صدی کے وسط میں منظرِ عام پر نہیں آتے تھے۔ اور نہ ہی کسی اخبار یا رسائل کی جلی سرخی بنتے تھے۔ {عبد المغنی' جیلانی بانو کے ناول "ایوانِ غزل" میں نسوانی کردار" ادبی ڈائری، روزنامہ سیاست، حیدرآباد۔ ۲۵ جولائی ۲۰۱۵}

ان تمام کہانیوں میں تہذیبی انحطاط، اقدار کی توڑ پھوڑ، امریکہ میں بسنے والے پاک ہند کے خاندانوں کے خلفشار اور مسائل کے ساتھ ان افسانوں میں ناسٹلجیائی رویئے اور تانیثی مزاحمت اور احتجاج بھی نظر آتا ہے۔

(۳) نسائی شعور اور ناول

ڈاکٹر صوفیہ یوسف

یک کرداری ناول کی کامیابی کے بعد ناول کو اصولوں اور قاعدوں میں مقید نہیں کیا جاسکتا کیونکہ یہ ایک ایسی فارم ہے جس میں وقت کے ساتھ مسلسل تبدیلیاں آرہی ہیں۔ میلان کنڈیرا کے بقول "ناول کا راستہ جدید تاریخ کے متوازی چلتا ہے" جبکہ گارشیا مارکیز کا ماننا ہے کہ "ناول خفیہ کوڈ میں بیان کی گئی حقیقت ہے دنیا کے بارے میں ایک قسم کی پہیلی"۔ ناول کے اس خدوخال کو ذہن میں رکھتے ہوئے ناول، ناول کی تنقید اور نسائی شعور پر طاہرانہ نظر ڈالیں تو جس حقیقت کا سامنا ہوتا ہے وہ یہ ہے کہ عورت کے وجود، اہمیت، شناخت اور حقوق سے انکار کرنے والوں کی کمی نہیں لیکن پھر بھی عورت کا کردار دنیا کی تمام زبانوں کے ادب میں مختلف صورتوں میں موجود ہے۔

اردو ادب میں خواتین کا حصہ بہت جاندار اور اہم ہے۔ اردو ناول اور اس کی تنقید نے جو منازل طے کی ہیں ان میں قلم کار خواتین بھرپور انداز میں اپنا کردار ادا کرتی نظر آتی ہیں۔ ہماری ان قلم کاروں کی تخلیقات میں ہجرت، فسادات، بچھڑنے والوں کی یاد، اضطراب، حوصلہ مندی، مسکراہٹ، خود شناسی اور عصری حسّیت موجود ہے۔ ان تخلیق کار خواتین نے ہمارے معاشرتی رویوں اور بنیاد پرست مزاج کے اندر رہتے ہوئے نسائی شعور، جذبات واحساسات کے اظہار کے ساتھ ساتھ تعلیم کے فروغ، معاشی تغیر، روایتی طرز فکر، رسوم ورواج میں بدلائو کے لیے جدوجہد اور تقلید کے بجائے نئے راستوں کی

تلاش، نفسیاتی و ذہنی پیچیدگیوں، خاموشی اور حسیّت کو اظہار کا منفرد اسلوب عطا کیا ہے۔ یہی وجہ ہے کہ اردو ادب کی تاریخ ان اہل قلم خواتین کے ذکر کے بغیر ادھوری ہے۔ خواتین نے ادب کی ہر صنف پر قلم اٹھایا اور اسے خوب نبھایا۔ ان نسائی تحریروں نے ہی ادب کے بے رنگ خاکے کو بہار کے رنگوں سے مزین کیا ہے۔

اردو کے ابتدائی ناولوں میں جہاں ایک عرصے تک نذیر احمد کے ناول مراۃ العروس کی اصغری کو رول ماڈل کے طور پر پیش کیا جاتا رہا وہیں ہادی رسوا کی امراؤ جان جیسے کردار معاشرے کا دوسرا رخ کامیابی کے ساتھ پیش کرتے رہے۔ رتن ناتھ سرشار کے ناولوں میں گیتی آرا اور حسن آرا کے کردار بھی اتنے ہی جاندار ہیں جتنا کہ آزاد اور خوجی کے کردار۔

اردو ناول نے بیسویں صدی میں ترقی کی منازل تیزی کے ساتھ طے کیں۔ روایتی ناول سے لے کر جدید ناول نگاری تک' اور اس کی تنقید نے کہانی کو کئی حوالوں سے متاثر کیا اور خواتین ادیب اور خواتین ناقدین ان ناولوں اور ان کے نسوانی کرداروں کو نسائی سیاق وسباق میں پرکھنے کی کوشش میں کئی فکری زاویے منظر عام پر لائیں۔ ان خواتین نے اپنے مسائل کو اپنے انداز میں پیش کرنے اور پرکھنے کی ضرورت پر زور دیا۔ وہ اس بات سے مطمئن نہ ہوئیں کہ مرد ناول نگاروں نے انہیں کس انداز میں اپنے موضوعات میں برتا اور کہانی کے کردار کے طور پر پیش کیا۔ مستنصر حسین تارڑ، عبد الصمد، شمس الرحمان فاروقی، انتظار حسین، شموئل احمد، مشرف عالم ذوقی، اصغر ندیم سید جیسے ناول نگاروں نے اپنے ناولوں میں عورت کو ایک مضبوط سماجی حوالے کے طور پر پیش کیا ہے۔ احسن فاروقی کے ناول "سنگم" میں اوشا پاروتی ہند آریائی تہذیب کی علامت کے طور پر ملتی ہے۔ عزیز احمد کے ناول ایسی بلندی ایسی پستی میں "نور جہاں" کا کردار بہت متحرک ہے۔ یہ کردار

مغربی ماحول کے زیر اثر رہنے کے باوجود مشرقی وضع کو قائم رکھتا ہے۔ انور سجاد نے "جنم روپ" میں مردانہ سماج میں خواتین کی جذباتی و فکری گھٹن کو موضوع بنایا ہے۔ اس ناول کا مرکزی نسوانی کردار اپنی خواہشات اور آرزوئوں کے مطابق اپنی دنیا تخلیق کرنا چاہتا ہے۔ مستنصر حسین تارڑ "بہائو" میں مادر سری تہذیب کا ذکر کرتے ہیں جس میں عورت کے پاس انتخاب کا اختیار موجود تھا۔ ناول کا نسوانی کردار "پاروشنی" تمام تر نسائی حسیت کے ساتھ کہانی کو امر کر دیتا ہے۔ شموئل احمد نے اپنے ناول "ندی" میں ندی کا سہارا لے کر عورت کی تہ دار معنویت اور نفسیاتی پیچیدگیوں کو Portray کیا ہے۔ اصغر ندیم سید کے ناولوں "ٹوٹی ہوئی طناب ادھر" اور "دشتِ امکاں" کے نسوانی کردار سماجی روایت سے مختلف ہیں۔ دوسری طرف وہ خواتین ناول نگار ہیں جنہوں نے عورت کے کردار کے گرد اپنی کہانی کو بُنا اور اس کو درپیش مسائل کو موضوع بنایا۔ عصمت چغتائی، قرۃ العین حیدر، حجاب امتیاز علی، جمیلہ ہاشمی، خدیجہ مستور، بانو قدسیہ، رضیہ فصیح احمد، جیلانی بانو، واجدہ تبسم، فہمیدہ ریاض، طاہرہ اقبال وغیرہ نے اپنے ناولوں میں سماجی مسائل کو نسائی زاویہ نگاہ سے پیش کرنے کی سعی کی۔

عصمت چغتائی عورت کو ایک باغی کے روپ میں پیش کرتی رہیں جو اپنے حقوق کے لیے احتجاج کرتی ہے اور شکست کو قبول نہیں کرتی۔ قرۃ العین حیدر اپنے ناولوں میں عورت کو اس مقدر کے آئینے میں دیکھتی ہیں جسے دنیا نے اس پر مسلط کر دیا ہے اور جس کی وجہ سے مسلسل عورت کا استحصال کیا جا رہا ہے۔ نسائی تغیر (Feminine Subjectivity) کو جس انداز میں قرۃ العین حیدر پیش کرتی ہیں اس کی نظیر اردو ادب میں نہیں ملتی۔

جمیلہ ہاشمی کے نسوانی کردار حالات کے سامنے ڈٹ جانے کا جذبہ بیدار کرنے کی

کوشش کرتے ہیں۔ اسی طرح خدیجہ مستور کے ناول 'آنگن' میں چھمی اور عالیہ کے کردار مرد کرداروں کے مقابلے میں زیادہ مضبوط ہیں۔ بانو قدسیہ کا 'راجہ گدھ' اپنے نسوانی کرداروں کی وجہ سے نسائی مزاج میں رچا بسا ہوا ہے۔ اس ناول میں مردوں کے لاابالی پن اور ہوس پرستی کی آڑ میں حرام حلال کے تصور اور عورت کے ساتھ ہونے والی ناانصافی کو پیش کیا گیا ہے۔ نسائی حسّیت کے حوالے سے صغرا مہدی کا ناول "جو بچے ہیں سنگ سمیٹ لو" بہت اہم ہے۔ رضیہ فصیح احمد کا ناول "آبلہ پا" اور "انتظار موسم گل" نسائی پیرائے میں سماجی زندگی کو اعلیٰ طبقوں کے حوالے سے زیر بحث لاتے ہیں۔

یہ تو چند ناول نگاروں کے نسوانی کرداروں کا جائزہ ہے۔ اب اگر ہم ناول کی تنقید کو نسائی حسیت کے حوالے سے دیکھیں تو بیسویں صدی کے آخری تین عشروں اور اکیسویں صدی کے ابتدائی دو دہائیوں میں ناول کی نسائی تنقید پر کتب کی ایک بڑی فہرست ملتی ہے جن میں ناول، ناول کے نسوانی کرداروں اور ناول نگاروں کی تخلیقات پر نسائی تنقید کی گئی ہے' جیسے پریم چند کے ناولوں میں نسوانی کردار (۱۹۷۵)، کرشن چندر کے نالوں میں نسوانی کردار (۱۹۸۷)، قرۃ العین حیدر کے ناولوں میں تاریخی شعور (۱۹۹۲)، اردو ناول میں عورت کا تصور (۱۹۹۲)، اردو ناول کے فروغ میں خواتین کا حصہ (۱۹۹۹)، اردو ناولوں میں عورت کی سماجی حیثیت (۲۰۰۲)، تانیثیت کے مباحث اور اردو ناول (۲۰۰۸)، اردو کی خواتین ناول نگار (۲۰۰۹)، اردو ناولوں میں نسائی حسیت (۲۰۰۹) وغیرہ۔

ناول کے حوالے سے خواتین ناقدین نے زیادہ تر اس بات کو پیش نظر رکھا ہے کہ مرد ناول نگاروں نے عورت کو کس انداز میں پیش کیا ہے۔ تاریخی، سماجی'سیاسی اور نفسانی عوامل تحریر و تخلیق پر اثر انداز ہوتے ہیں۔ کسی بھی فن پارے کا تنقیدی مطالعہ انہی

اثرات کا تجزیاتی جائزہ بھی ہوتا ہے۔ نسائی شعور کے ادراک کے بغیر ناول کا مطالعہ بہتر طور پر نہیں کیا جا سکتا۔ یہی احساسات بحیثیت فرد ایک خاتون لکھنے والی کو مرد لکھنے والے سے جدا کرتے ہیں۔

(۴) تانیثیت : چند بنیادی مباحث

جانثار معین

عربی لفظ 'تانیث''تانیثیت' سے مشتق انگریزی متبادل'Feminism'لاطینی اصطلاح'Femina'کامترادف ہے۔ معنٰی و مفہوم تحرِیکِ نِسواں، نَظرِیَہ، حَقُوقِ نِسواں اور نِسوانِیَت کے ہیں۔ ابتدا ۱۸۷۱ء میں فرنچ میڈیکل ٹکسٹ میں لفظFeminist نسوانیت والے مردوں کے لیے استعمال کیا گیا تھا۔ مغرب میں تحریک آزادی نسواں حامیوں کو بھی کہا گیا۔ بعد میں باقاعدہ لفظ'Feminism'تحریکِ نسواں کی اصطلاح بن گیا۔ اور 'حقوق نسواں'، آزادی نسواں' یا'ناری آندولن' سے جانی جانے والی تحریک کے بنیادی نظریات میں سیاسی، سماجی، معاشی، معاشرتی، تعلیمی، اخلاقی اور تہذیبی طور پر دونوں جنس کے لیے مساویانہ حقوق کے ہیں۔ بالخصوص نسائی حقوق سے جڑی تمام فکروں کا مرکب ہے۔ اس تحریک کی خواتین علمبرداروں کے لیے'Womanist' اصطلاح مستعمل ہے۔ لفظ'کاز' بھی تانیثی مسائل کے لیے انہیں ناقدین کے استعمال میں ہے۔ اس کے برعکس عورت پسندی'Womanism' ہے جو خواتین میں رجولیت نازَن پسندی'Feminism' ہے۔ یہ دونوں مختلف مکاتب کی فکریں ہیں۔ اس تحریک کا مقصد خواتین کے وہ تمام مسائل جو آنسوؤں سے لیکر مسکراہٹ تک در پیش آتے ہوں۔ اس ضمن میں ایلین شو والٹر نے تانیثی تنقید کی چاراہم جہات کی نشاندہی کی "۱۔ حیاتیاتی ۲۔ لسانیاتی ۳۔ تحلیلِ نفسی ۴۔ کلچرل تنقید۔"لیکنFeminism کی

علمبردار بھی اس تحریک کی مناسب اصطلاح یا لفظ کی تلاش میں نظر آتی ہیں۔"تحریک نسواں کی حامی فکر یہ ہیں آخر جب 'عورت' کے لیے کس لفظ کا استعمال ہونا چاہیے 'ویمن' کا استعمال تو مسئلہ پیدا کرتا ہے یہ بعض اوقات 'ویمن'(عورت) استعمال میں ہے اس کا مطلب 'تمام خواتین' نہیں ہوتی۔" "یہی خیالJudith Event کا بھی ہے "نہ عورت،نہ مرد۔ تحریک نسواں کا ہدفAndrogynous یعنی دونوں کے جنسی امتیازات مٹا کر لفظ جنس(Gender) تمام اختلافات کا بدل یا اَہداف ہے۔ موجودہ حقوقِ نسواں کی ناقدین کی اصطلاح Feminist ہے اور تحریک آزادی نسواں کے لیےFeminism ہے۔

'تانیث' کی تشریح:

خواتین کی جدت پسندی اور اعتدال روی سے سیاسی، سماجی، اخلاقی، تعلیمی اور اقتصادی لحاظ سے جنس کی تخصیص و تشخص کے بر خلاف برابری قائم کرنا۔ ظلم و استبداد سے آزاد زندگی فراہم کرنا۔ انہیں انسان کی حیثیت دینا تاکہ سماج کو متحرک کر کے رشتوں کے درمیان امتیازات بھی ختم ہو جاسکیں۔ حق تلفیاں اور ان پر ہو رہے جبر و استحصال کے خلاف ایک مہم چلائی جائے۔ بین الاقوامی سطح پر سماجی و اقتصادی لائحہ عمل وجود میں آئے۔ ناروا سلوک، استحصال، جنسی جبر، دہشت، غیر مساوی حقوق، منافقانہ اخلاقی اقدار نیز فرسودہ خاندانی رشتوں کے علاوہ معاشرتی اقتدار تک کی اس قدر آگہی پیدا کرنا کہ اجتماعی شعور بیدار ہو سکے۔"ووف کا خیال تھا کہ نسائی جدّوجہد کا ایک مقصد مردانہ پن اور نسائیت کے زوجی تضاد کو ڈی کنسٹرکٹDeconstruct) (کیا جائے۔"تاکہ عورت بھی مرد کی طرح اپنی مرضی کے مطابق زندگی کے تمام فیصلے خود کرے۔انہیں اپنی مرضی پر پورا اختیار ہو۔اس ضمن میں ابوالکلام قاسمی نے سیمون دی بوائر کی

تصنیف 'the Second Sex' میں مردوں کے اصول و نفسیاتی فریم ورک کو اس طرح بیان کیا ہے "عورت پیدائشی طور پر ہمارے طے کردہ صفات کی حامل نہیں ہوتی بلکہ پدری معاشرے یا Patriarchal Society میں وہ عورت بنادی جاتی ہے اور رفتہ رفتہ وہ بھی خود کو ان ہی صفات سے متصف سمجھنے لگتی ہے جو مردوں کی طرف سے ان کے ساتھ وابستہ کردی گئی ہیں۔" سیمون نے خواتین کی ذہنی تربیت اسی لیے کی ہے تاکہ وہ پدرانہ سماج کے بر خلاف مردوں کی تنگ ذہنیت کو چیلنج کر سکے۔ عام طور پر مرد خواتین کو اپنا محکوم، تابع، حقیر اور کمزور سمجھ کر اس کا حق چھینا اور مہمل قرار دیا ہے جس سے وہ جنسی، نفسیاتی، عقلی، طبقاتی اور نسلی بنیاد پر استحصال کی شکار ہو رہی ہیں۔ مرد کے ذہن میں جو نسائی تصویر ہے اس کے بر خلاف عورت یہ ثابت کرتی ہے کہ وہ ماں بننے، پرورش و پرداخت اور گھریلو کام تک ہی محدود نہیں ہے۔ فطری طور پر دونوں جنس کے درمیان سوائے جسمانی ساخت کے وحدت، قوت، تعقل اور مثبت اوصاف مساوی ہیں۔ اس تصور سے جنسی و صنفی شناخت کی تشکیل اور باہمی بیداری پیدا ہو کیوں کہ دونوں نوع انسانی کا حصہ ہے۔ تانیثی فکر ان تمام مروج نظام پر کاری ضرب لگا کر دونوں جنس کے باہمی شعور کو اجاگر کرتی ہے۔ اس ضمن میں عتیق اللہ رقم طراز ہیں "تانیثیت کا موقف اُس عورت کو Deconstruct کرنا ہے جو اپنی ذات ہی سے بے خبر نہیں تھی بلکہ اس سماجی تہذیبی منظر نامے سے بھی نابلد تھی جس کے جبر نے اُسے مجہول حقیقت میں بدل کر رکھ دیا تھا۔"

اگر چہ مرد طاقتور ہے تو عورت معاشرے کی بنیادی ضرورتوں کو پورا کرتی ہے۔ لیکن انہیں گھریلو کام سونپ دیا گیا ہے۔ پاک دامنی اور شرم وحیا کو "خواتین ثقافت ' سے جوڑ کر انہیں محکوم و تابعدار رکھ کر ان کے جذبات پر بھی کنٹرول کیا جاتا ہے۔ بیشتر

خواتین اپنے وجود کی ناواقفیت سے مرد کی ماتحت بن کر مرضی سے غلام ہے۔ ملازمت ہو یا کاروبار ہر میدان میں دونوں برابر خدمات انجام دے رہے ہیں۔ پھر بھی اُنہیں آدھی سے کم اجرت ملتی ہے۔ ہر شعبے میں از سرِ نو تقسیم ہو تب ہی وہ خود کفیل بن سکتی ہے۔ مرد صرف بیرونی کام کرتے ہیں۔ خواتین کے حصے میں گھریلو کام ہیں۔ جب کہ 'عورت عقلی، فکری اور تخلیقی سطح پر کم تر یا کمزور نہیں ہوتی۔ اس کی صلاحیتوں کو ہمیشہ جھٹلایا گیا ہے۔ اسے کبھی مراعات یا ماحول ہی میسر نہیں آئے جس کی بنا پر وہ پورے شد و مد اور اعتماد کے ساتھ خود کو وقف کر سکے۔ "مرد اگر وقتی طور پر خواتین کی خدمات سے متفق ہو کر رحم و کرم سے حاکم بنا بھی دیں تو اُن کی تمام تخلیقی صلاحیتوں کو نظر انداز کرتا ہے۔

خواتین کے حصے میں زیادہ تر کام اُمور خانہ داری، منڈی معیشت، اشتہارات تک ہی محدود ہیں۔ دیگر پیشوں میں بھی ان کی صنف اور جنس متاثر ہوتی ہے۔ جس سے ان کی پہچان رنڈی، کنٹا، طوائف، کال گرل، منحوس، کنیز، رکھیل، کلموہی، ڈائن، چڑیل، صنفِ نازک، مغلوب و تابعدار صنف، مجہول کمزور، ناقص العقل یا کم عقل اور کم فہم کی بن گئی ہے۔ یہاں تک کے گالیاں بھی ان سے ہی منسوب ہیں۔ جس کی اعلیٰ مثال ہند و پاک کے علاوہ پنجابی کلچر میں دیکھی جاسکتی ہے۔ اس مسخ شدہ تصویر کا سدباب کرنا ہو گا۔ یہ ان کی ذات پر زیادتی ہے۔ وہ تمام کیفیات انہیں دیکھنے سے لیکر سمجھنے تک کے انداز، ان کی سماجی حیثیت و مرتبے کی صحیح پہچان کرنا نیز جنسی تفریق کے شعوری یا غیر شعوری احساسات کو جڑ سے مٹا دینا۔

'تانیثیت' کی مکمل ایک جامع تشریح ممکن نہیں۔ غالباً یہی رائے آج تک کے قلم کاروں نے پیش کی ہے۔ اس صورت میں یہ تسلیم کر لینا چاہیے کہ تانیثیت ایسی تحریک ہے جس میں لڑکی کی پیدائش سے موت تک درپیش ہونے والے مسائل حل کرنے سے

متعلق جو کوششیں کی جارہی ہیں وہی ثانیثیت ہے۔اس کا دائرہ بہت وسیع ہے جس میں مذاہب، قوانین، سیاسیات، فلسفے، نفسیات، اخلاقیات، معاشیاتی حقوق اور ایسی مثبت سوچ، مدبرانہ تجزیہ ودانشورانہ اسلوب ہے۔ جس کے اہداف میں نسائی حق و انصاف کی بالا دستی، حریت فکر، آزادی اظہار اور معاشرے کو ہر قسم کے استحصال سے بچنے کی ترغیب ہے۔ جوان کی سماجی، ثقافتی، معاشرتی، سیاسی، عمرانی اور ہر طرح کی تخلیقی اقدار و روایات کو مثبت انداز میں بروئے کار لانے کی راہ دکھاتی ہو۔ معاشرے کے تمام انسانی کاموں کو مساوی درجہ دینے کی جدتِ فکر ہی تانیثیت ہے۔

تانیثیت کی وجوہات:

خواتین پر صدیوں سے ہو رہے ظلم و ستم جس میں رحم مادر جنین میں لڑکیوں کا قتل ،عصمت دری، چھیڑ چھاڑ، کم عمری کی شادی، عتاب وعذاب کی شکار ،امور خانہ داری ،طلاق ،جسمانی وذہنی اذیتیں، ابتلا ،خاوند سے بیوی پر لعنت ملامت، گالی گلوچ، ناگفتہ حالت، سسرالی مخالفانہ تنازعات، ظلم و ستم ،استحصال اورزیادتی کے خلاف حقوق کی بات کرنا۔ اُس معاشرے کے خلاف جنگ ہے جو صنف نازک پر امتیازی روا رکھتا ہو۔ان حالات میں خواتین ایک فرد کی حیثیت سے جذبات ،احساسات اور تخیلات کا اظہار کر سکیں، حقوق کی بازیافت کے لیے بر سرپیکار ہوں۔

ابتدا سے ہی خواتین کا مذہبی استحصال۔ جاگیر دارانہ فرسودہ قوتوں کی سوچ جو جائز حقوق کی بازیابی کو سم قاتل گردانتے ہیں۔ 'پدر شاہی' نظام سے سیاسی ، سماجی، اقتصادی، معاشی اور مذہبی ہر شعبہ میں مرد اجارہ داراور معاشرتی بالادستی رکھتا ہے۔ جس سے خواتین کے درمیان تفریق کی گئی اور غلط رسومات کے تحت صرف مذہبی تعلیم دی جانے لگی۔ عصری اور اعلیٰ تعلیم حاصل کرنے سے روکا گیا۔ جس کی بنا پر ان کی اہمیت ہر شعبہ

میں کمتر مخلوق اور پسماندہ عنصر اور حیثیت مرد کے زیر نگیں ہے۔ انہیں مذہبی روایتوں اور معاشرے کی زنجیروں میں جکڑ دیا جاتا ہے۔ اشیاء کی طرح خرید و فروخت کی جاتی ہے۔ مقابلوں میں جیتی و ہاری جاتی ہیں اور بطورِ ہدیہ دی جاتی ہیں۔ ان پر آئے دن انسانیت سوز مظالم وقوع پذیر ہو رہے ہیں۔ ان حالات سے خواتین کے حق میں زمین سخت اور سورج سوا نیزے پر ہوتا ہے۔

خواتین نکاح، 'حق خلع، وراثت، طلاق کے بعد بچوں کی تحویل کے حقوق اور جائیداد کے حصوں سے بے خبر رہتی ہیں۔ ان تمام مسائل کی راست آگہی کے لیے یورپ میں گزشتہ دوسو بیس سالوں سے سیاسی، سماجی اور ادبی تحریکیں ابھرتی رہی ہیں۔ مقصد معاشرے میں خواتین کا مقام متعین کرنا اور مرد کی اجارہ داری ختم کرنا ہے۔ ان پر ہو رہے تمام مظالم کے رد عمل پر ہی تانیثیت کا تصور ظہور پذیر ہوا۔ اس تحریک سے خواتین استقامت کے ساتھ اپنی اثبات چاہتی ہیں۔

پدری سماج میں خواتین: فاتح افواج کے مالِ غنیمت کا اہم حصہ خواتین ہوتی تھیں جس کا بٹوارہ بھی سامان کی طرح ہوتا تھا۔ ان خواتین کی اہمیت گھٹ کر کنیز اور لونڈی کی ہوجاتی تھی۔ اس کے بعد مالک جنسی تسکین حاصل کریں یا تحفہ تحائف میں پیش کریں۔ جنگ کی فتح کے بعد اہم خوش خبری خواتین کی گرفتاری ہوتی تھی۔ خوبصورت خواتین حکمرانوں اور امراء کے حصے میں جاتی تھیں باقی سپاہیوں میں تقسیم کی جاتی تھیں۔ جنگوں میں شکست کے آثار نظر آتے تو مرد عزت و آبرو اور شرمندگی سے بچنے کی خاطر خود ہی اپنی خواتین کا بے رحمی سے قتل کرتے یا زندہ جلا دیتے تھے۔ جنگوں میں سب سے زیادہ اذیت اور نقصان خواتین ہی اُٹھاتی ہیں۔ ڈاکٹر مبارک علی لکھتے ہیں "فاتح افواج سب سے پہلے مفتوح اقوام کی عورتوں کی آبرو ریزی کرتے تھے۔ اور یہ قدیم

تاریخی ہی بات نہیں۔ دوسری جنگ عظیم میں روسیوں نے جرمنی خواتین کی اجتماعی آبرو ریزی کی اور سربیا اور بوسنیا کی جنگ میں، سربیا کی فوجیں بوسنیا کی خواتین کی عصمت دری کی۔،، تعجب ہے حکمرانوں سے لے کر عہدے داروں تک غالباً سبھی کی ایسی گھٹیا سوچ بن گئی تھی۔ اس کا ایک اور المیاتی پہلو یہ ہے کہ فاتح افواج مفتوح خواتین کی عصمت دری سے قوتِ رجولیت و مردانگی کا ثبوت دیکر اپنی فتح ثابت کرنے کو فخر سمجھتے تھے۔ انہیں اس عمل سے عزت واحترام ملتا تھا۔

اگر خواتین کسی طرح سے یہاں بچ بھی جائیں تو قدامت پسند امراء اپنی خواتین کو قربت اور زیادہ مراعات حاصل کرنے کی غرض سے بادشاہوں کی خدمت میں بطورِ تحفہ پیش کرتے تھے۔ اس طرح حکمرانوں کو حرم میں خوبصورت خواتین کو جمع کرنے کا شوق ہو گیا تھا۔ جس کی بنا پر اکثر جنگیں ہوتی تھیں۔ ہیلن آف ٹروئے ہو یا کلوپٹرا جنگوں کا سبب تک عورت کا حصول بنا۔ اس سلسلے کا ایک واقعہ برطانوی افسر مالکم نے اپنی کتاب 'وسطِ ہند کی یادداشتوں، میں لکھا ہے۔ "راجستھان کی ریاست کی ایک خوب صورت شہزادی کے حصول کے لیے دو راجہ جنگ کے لیے تیار ہو چکے تھے۔ اس پر شہزادی کے باپ کو مصاحبوں نے یہ مشورہ دیا کہ چوں کہ اس جنگ کا باعث شہزادی ہے اس لیے اگر شہزادی کو راستے سے ہٹا دیا جائے تو یہ جنگ اور قتل وغارت گری رک سکتی ہے۔ اس مشورے پر عمل کرتے ہوئے شہزادی کو زہر دے کر مار اڈالا گیا۔" اس کا المیاتی پہلو یہ ہے کہ شہزادی کو دونوں راجاؤں نے نہیں دیکھا تھا۔ خوبصورتی کی بنا پر خاتون کی موت ہو گئی۔

دانشوروں کی نظر میں تھوڑی بہت عزت عورت کی ہے بھی تو وہ بحثیت ماں ہے کیوں کے اس نے بہادر اور عظیم جیالے مرد پیدا کیے۔ خواتین کا رول اولاد کی پیدائش کے ساتھ ختم ہو جاتا ہے۔ جب کہ بچہ کا ماں سے محبت کرنا فطری ہے پھر بھی

باپ کی اطاعت کرتا ہے۔ماں کی محبت غیر مشروط ہوتی ہے۔ لیکن باپ توقع رکھتا ہے مثلاً جانشینی کی آرزوئیں، بدلا، تخت نشینی، جائداد، شہرت اور بڑھاپے کا سہارا۔ماں اِن تمام اغراض سے بے غرض ہے اور نسلوں کو جاری رکھنے کا وسیلہ بھی ہے۔

قدیم زمانے سے آج تک مرد کم عمر لڑکیوں سے شادی کرتے آئے ہیں۔ اگر عورت مرد سے بڑی ہو تو لوگ تعجب کرتے ہیں۔ مرد اور عورت میں ۲۰ سے ۲۵ سال تک کے فرق سے رشتے کرتے ہیں جس سے مضر اثرات یہ ظاہر ہوتے ہیں مرد خواتین کا ساتھ لمبی عمر تک نہیں دے پاتے اور دنیا سے رخصت ہو جاتے ہیں۔ ان حالات میں کم عمر بیوہ خواتین دنیا کے کرب سہتے سہتے بعض گھٹ گھٹ کر زندگی گزارتی ہیں باقی کسی غلط پیشے میں مبتلا ہوتی ہیں۔ سماج میں بیوہ اور مطلقہ خواتین کی عزت نہیں کی جاتی لیکن مرد ان تمام الزامات سے بری ہیں۔یہودیت اور عیسائیت کے آتے آتے نسائیت بالکل گر گئی تھی۔

"توریت میں شوہر سے کہا گیا ہے کہ وہ اپنی بیوی سے ایسے خطاب کرے جیسے کہ آقا غلام سے اور بادشاہ رعایا سے کرتا ہے۔ شوہر کو یہ اختیار تھا کہ وہ جب چاہے بیوی کو طلاق دے دے۔ مگر عورت کو مرد سے علیحد گی کا کوئی حق نہیں تھا۔ اگر عورت سے بے وفائی ہو جائے تو اسے ایک سنگین جرم سمجھا جاتا تھا۔ اگر اس پر زنا ثابت ہو جاتا تو اسے سنگ سار کر دیا جاتا تھا۔ اگر بچہ نہیں ہوتا تھا تو اس کی ساری ذمےّ داری عورت پر آتی تھی۔باپ کو یہ حق تھا کہ وہ اپنی بیٹی کو فروخت کر دے۔یہودی مرد کی یہ دعا ہوا کرتی تھی کہ 'خدا تیرا شکر ہے کہ تو نے مجھے عورت نہیں بنایا۔"

مذہبی عقیدے سے مرد کو اور بھی فوقیت ملی جس کی بنا پر وہ خواتین کا حاکم و مجازی خدا بن گیا اور اسے یہ احساس بھی ہو گیا کہ وہ آدم ذات سے ہے جس کی تخلیق خدا نے

پہلے کی پھر حوا کو پیدا کیا۔ جہاں مذہب تھوڑی سی افضلیت مرد کو دی اس نے پوری طرح غلط استعمال شروع کیا۔

زمانہ قدیم سے ہی لڑکیوں کے قتل، اسقاطِ حمل اور دودھ میں ڈبو کر ہلاک کرنے کا رواج تھا۔ ان تمام دشواریوں سے گزر کر جو لڑکیاں زندہ بچ جاتی تھیں انہیں تنگ مزاج عہدیدار، تجارتی ذہنیت، بدترین مردانہ ترجیحات کا ملغوبہ مرد گھریلو اور نجی ذمہ داریوں میں جکڑ دیتے تھے۔ جس کی وجہ سے وہ خاموش، بے زبان، مجبوری اور بے عمل ہو جاتی تھیں۔ اس کی اہم وجہ سیاسی و معاشی اقتدار پر مرد کا قبضہ ہے۔ ان مسائل کے باوجود خواتین نے اپنی انفرادیت کو برقرار رکھا اور صبر و تحمل سے کام لیا تو انہیں کچھ وقت کے لیے نہ کے برابر خوش حالی تو ملتی ہے لیکن زندگی کے اتار چڑھاؤ میں بیشتر مرد ہی کے حصے میں خوشیاں نصیب ہوتی ہیں۔ ان کے نصیب میں زیادہ تر تباہی و بربادی ہی ہوتی ہے اور آزمائش ان کے ساتھ لگی رہتی ہے۔ مثلاً اگر وہ روایات کی پابندی کرے تو اسے نیک کہتے ہیں ورنہ بری۔

جو خواتین جنگ کے بعد گرفتار ہوتی تھیں انہیں محلات میں الگ حرم میں راحت کی غرض سے کنیز کی حیثیت سے رکھا جاتا۔ ہر رات کے انتخاب کے لیے انہیں قطار میں کھڑا کر کے بادشاہ اپنی پسند کی کنیز کو رجسٹر میں نام درج کر کے خواب گاہ میں لے جاتا تھا۔ تاکہ حمل ٹھہر جائے تو اندازہ لگا سکے کس کنیز سے لڑکا کب ہونے والا ہے۔ جس سے لڑکا ہو اُسے سلطانہ بنا دیا جاتا تھا۔ ورنہ وہ ہمیشہ کے لیے کنیز ہی رہتی تھی۔ کنیزوں کی تعداد اس قدر بڑھ گئی تھی کہ حکمراں ایک خاتون کے ساتھ ایک ہی رات گزارتا تھا۔ محمد فاتح کے زمانے میں بادشاہ اپنے بھائیوں کو بند قفس میں شہزادوں کو کنیزیں مہیا کر کے قید رکھا تھا۔ اگر کسی کنیز کو حمل ٹہر جائے تو اس کا قتل کر دیا جاتا تھا۔ تاکہ ان سے وارث نہ پیدا

ہو۔ حکمرانوں کے یہاں جتنی کثیر تعداد میں کنیزیں ہوتی تھیں اتنا ہی وہ فخر محسوس کرتے تھے۔ "خلیفہ المتوکل کے پاس چار ہزار کنیزیں تھیں جن سے اس کے جنسی تعلقات تھے۔ "اس کے علاوہ اکبر کا بھائی مرزا عزیز کہا کرتا تھا دولت مند مرد کو چار خواتین رکھنی چاہئیں۔ "ایک عراقی، مصاحب اور گفتگو کے لیے، دوسری خراسانی خانہ داری کے لیے، تیسری بندی ہم بستر کے لیے، چوتھی ماوراء النہری مارپیٹ کے لیے تاکہ دوسروں کو عبرت ہو۔ "اس طرح سماج میں خواتین کی حیثیت کم سے کم تر ہوتی چلی گئی اور ہندو مذہب میں مرد کی وفات کے بعد ستی ہو کر شوہر کی چتا پر جل کر مرنے کی روایت تھی جو خواتین نہیں جلنا چاہتی انہیں زندگی بھر بیوہ بنکر گزارنا ہوگا۔ اکثر اس وقت شادی کے لیے لڑکیاں کم عمر ہوتی تھیں مرد زیادہ عمر کے اس لیے زیادہ تر خواتین اس رسم کے کرب میں مبتلا ہو جاتی تھیں۔ ان کی سماجی حیثیت ایک منحوس کی تھی یہ کسی بھی خوشی میں شامل نہیں ہو سکتی تھیں۔ اُن کی غذائیں بھی مخصوص ہو جاتی تھی جو عام لوگوں سے الگ محدود ہو جاتی تھیں۔ کپڑے صرف سفید رنگ ہی پہن سکتی تھیں۔ اس کی وضاحت ڈاکٹر مبارک علی کچھ اس طرح کرتے ہیں:

"مرد جب کسی وجہ سے کمزور ہو جائے یا جسمانی طاقت کھو دیں تب وہ اپنی مرضی اپنی عزت و آبرو کے ساتھ بھی سمجھوتا کرنے پر مجبور ہو جاتا تھا تاکہ مرد کی مردانگی اور اس کی اہمیت و افادیت باقی رہے جس کی مثال "پانڈو کسی بددعا کی وجہ سے اپنی بیوی سے جنسی تعلق نہیں رکھ سکتا تھا۔ مگر اسے اولاد کی بھی ضرورت ہے، تو وہ اپنی بیوی کنتی کو یہ مشورہ دیتا ہے کہ وہ کسی دوسرے مرد سے تعلق قائم کر کے اس کے لیے اولاد پیدا کرے، وہ بیوی کو تسلی دیتے ہوئے کہتا ہے کہ "او کنتی! اب میں تم سے اس قدیم رسم کے متعلق کہنا چاہتا ہوں کہ جسے عالی قدر رشیوں نے اخلاق کے تمام ضوابط کے تحت جائز

قرار دیا ہے۔،،

اسی طرح کی ایک رسم نیوگ کا رواج تھا۔ جس میں اگر شوہر سے اولاد نہ ہو تو غیر مرد سے اولاد پیدا کر سکتی تھی۔ اس طرح بغیر شادی کے بچوں کا پیدا کرنا گناہ نہیں سمجھا جاتا تھا۔ بلکہ کبھی اسے دیوی تو کبھی ماتا لکشمی مانا جاتا تھا۔ اُنہیں جذبات میں آکر مصر میں حکمراں بنایا گیا۔ 'مصر میں قدیم روایت کے تحت تخت کی وارث شاہی خاندان کی عورت ہوا کرتی تھی، اگر چہ وہ وارث تو ہوتی تھی مگر تخت پر مرد ہی بیٹھتا تھا۔ لٰہذا خود کو جائز حکمران ثابت کرنے کے لیے ضروری تھا کہ وہ وارث سے شادی کرے، چاہے وہ اس کی بہن ہی کیوں نہ ہو۔ اس لیے ہر بادشاہ تخت پر بیٹھنے سے پہلے شاہی خاندان کی وارث عورت سے شادی کرتا تھا۔ اس روایت یا قانون کی وجہ سے باپ کو بیٹی، یا بہن سے شادی کرنی پڑتی تھی۔" خواتین کو مختصر خوشیاں حاصل کرنے کے لیے بڑی سے بڑی قربانیاں دینی پڑیں۔ اس کے باوجود انہیں صرف وقتی طور پر نام شہرت اور تخت نشیں ہونے کے سوا کچھ نہ ملا۔ اس طرح کے واقعات دراصل دیومالائی قصوں میں پائے جاتے تھے۔ ایک اور طریقہ شادی کے لیے یہ بھی تھا کہ لڑکی کو زبردستی اغوا کر کے، فاتح بن کر لڑکیوں کو لیجانا، رقم دے کر شادی کرنا اور اگر کوئی کسی لڑکی کی عصمت دری کرے تو اسے زبردستی اسی سے شادی کر دی جاتی تھی۔

ابتدائی تہذیبوں میں خیال تھا کہ مرنے کے بعد بھی انسانی ضروریات باقی رہتی ہیں اسی لیے وہ ساری سہولیات کو میت کے ساتھ دفن کر دتے تھے۔ اس کی مثال مصر کے فرعون کی ہے۔ اس کے میّت کے ساتھ کنیزیں، ملازم اور کھانے پینے کا سامان دفن کر دیا جاتا تھا۔ مرد کی اہمیت اس قدر تھی کہ اس کے ساتھ خواتین مذہبی فریضہ مان کر دفن ہو جاتی تھیں۔ یا ساری زندگی بیوہ بنی رہتیں یا دیور سے بچے پیدا کرتیں جسے نیوگ کی رسم

کہاجاتا تھا(اس رسم میں دیور کے ساتھ تین لڑکے تک پیدا کرنے کی اجازت تھی)، دھیرے دھیرے بیوہ کی شادی کو ۲۰۰ء میں اس قدر بری نظروں سے دیکھا جانے لگا کہ خواتین ستی ہونے کو ترجیح دینے لگیں۔ کیوں کہ ان کے پاس رہبانیت اختیار کرنے یا طوائف بن جانے کہ سوا اور کوئی راستہ نہیں تھا۔ اس دردناک زندگی کے عبس میں تاج محل بنا کر وفاشعار کہلانا عدل نہیں۔

۲۰۰ء میں بلوغت سے پہلے شادی کا رواج شروع ہو گیا۔ اس کی اہم وجہ ماں کی کم عمری میں بیوگی ہے کیوں کہ شوہر کے انتقال کے بعد اس کی پرورش سسرال والے کرتے تھے۔ اور یہ تصور کر لیا گیا کہ عورت کے ستی ہونے سے شوہر کے گناہ معاف ہو جائیں گے اور دونوں 'نروان'، حاصل کر لیں گے۔ دھیرے دھیرے یہ رسم ۷۰۰ء تک بہت قوی ہو گئی اور اس رسم سے یہ مان لیا گیا کے دونوں کے گناہ معاف ہو جائنگے اور جنت میں ہمیشہ رہائش کرینگے۔ اس کے بعد یہ رسم ۱۰۰۰ء تک شمالی ہند اور کشمیر میں مقبول ہو گئی۔ یہاں تک کہ بیویوں کے ساتھ کنیزیں بھی ستی ہونے لگی۔ آج کسی بھی قانون یا انسانیت اس کی اجازت نہیں دیتا۔ یہ کیسے عقل پر پردہ پڑ گیا تھا۔ ۱۷۲۴ء میں راجپوتانہ حکمرانوں میں ستی بڑی مستحکم ہو گئی تھی اور اس وقت کی کچھ مثالیں بقول مبارک علی کہ "مارواڑ کا راجہ اجیت سنگھ مرا تو اس کے ساتھ ۶۴ خواتین ستی ہو گئیں۔ بوندی کے راجہ بودھ سنگھ کے ساتھ ۸۴ خواتین مریں۔ اس قسم کی مثالیں بھی ملتی ہیں کہ جن میں ۷۰۰ سے لے کر ۴۰۰ تک خواتین بادشاہ کے ساتھ جلیں۔۔۔ رانجیت سنگھ کے مرنے پر اس کے چار بیگمات اور سات کنیزیں اس کے ساتھ ستی ہو گئیں۔۔۔ شیواجی کے مرنے پر صرف ایک عورت اس کے ساتھ جلی۔" ستی ہونے والی خاتون دلہا کی طرح بن سنور کر باجے و جلوس کے ساتھ برات لیے حسرت بھری نگاہوں سے سب کو دعائیں دیتی ہوئی الوداع کہتی جاتی

تھی۔ شوہر کی میّت نہ مل نے کی صورت میں یا کسی دوسرے مقام پر انتقال ہونے پر اس کی پگڑی و جوتوں کے ساتھ جل جاتی تھیں۔ اس کی نگرانی اس کے عزیز رشتے دار کرتے تھے۔ تاکہ کہیں آگ کی تکلیف سے بھاگنے نہ پائے اسی لیے اسے گڑھے میں ہاتھ پیر باندھ کر ڈال دیا جاتا تھا۔ جہاں مردوں کو زندہ دفن کرنے کا رواج تھا وہاں اسے زندہ دفن کر دیا جاتا تھا۔

بیشتر مذاہب میں اچھی بیوی بننے کے لیے ضروری سمجھا جاتا ہے کہ لڑکی کے والدین زندہ ہوں، کم عمر، ہم ذات اور کنواری ہو۔ دولت مند ہو، کردار بہترین ہو، جسمانی طور پر خوبصورت اور جاذب نظر ہو مثلاً۔ موٹی یا دبلی نہ ہو، بوٹا ساقد ہو، بلوریں بدن جو تتلی کے پروں کی سی نرم گداز اور مائل دلآویز سنگِ مرمر سے تراشا جیسا بلکہ مرمریں اور شراب سے زیادہ نشہ ور بادامی رنگ جسم جس پر خوش قسمتی کے نشان ہو اور پتلی جلد جس سے نیلی رگیں جھلکتی ہوں۔ چمپئی گلابی گوری رنگت، متناسب جسم جسے دیکھ کر شہوانیت جاگے جیسے چندن سے ناگ لپٹا ہو، بیضوی چہرہ چودھویں کا چاند کی طرح جگمگاتا ہو۔ گفتگو میں شہد کی مٹھاس، آواز میں کوئل کی کوک اور بلبل کا نغمہ ہو، سانسوں میں خوشبو ہو۔ گلاب کی پنکھڑیوں جیسے ہونٹ ، دلفریب جادوئی مسکراہٹ جس میں بجلی کی لہر ہو، کان سرخ، ملائم ہو، گردن صراحی دار اور مخروطی ہو۔ سیاہ گھنے لہراتی زلفیں گھٹاوں کے مانند ایڑی تک لانبے اور ریشمی ہو تیز ہواؤں میں ناگن سے لہرائیں۔ ہرنی جیسی کجراری و نرگیسی بڑی بڑی غلافی اور جھیل سی گہری نیلی آنکھیں ہو جو ستارے کے مانند جھلملاتے ہو، کمان ابرو، گھنی اور دراز پلکیں، جٹی بھویں، اور کالی پتلیوں میں شفاف پانی کے چشمے نظر آتے ہوں۔

کھڑی ستواں ناک، رخسار گلابی ٹماٹر یا سیب جیسے لال شفق بکھرتے ہو، بھرے

بھرے قوبی لب گلاب کی پنکھڑیوں کی طرح کھل کر مہکتے ہو۔ دانت انار کے دانوں کی طرح جمے ہو اور بجلی کی طرح چمکدار بھی۔ معصوم چہرہ، سینہ متوازی پہاڑوں کا فراز اور مضحکہ خیز ہو، پیٹھ پر موم کی نرمی اور مخمل جیسی گُدگُدی ہو، ناف جاذبِ نظر ہو، کمر پتلی لچکدار ہو، بانہوں میں بلور ہو، ہاتھ لمبے کلائی نازک، ہتھیلیاں بھری ہوئی نرم مخملی انگلیاں لمبی اور ناخن ہلالی ہو، کمر میں ناری کی بیل یا ناگن جیسی لچک ہو (اوپر نیچے کا حصہ پھیلا ہو، کمر سکڑ کر چھوٹی ہو) کیوں کہ کمر کی خوبصورتی اور پتلا پن ہی مکمل جسم کے حسن کو نکھارتا ہے۔ اسی لیے خوبصورت کمر کی حامل ہو۔ پیٹ اور کولہوں پر گوشت کی زیادتی نہ ہو، چلن میں مور کا ناچ ہو اور ہرن کی طرح قلانچیں بھرنے والی ہو، پیر چھوٹے پنجے اور ایڑی (لمبی) کے درمیان کمان اور ملائم ہو، جھکے تو قوس قزح بن جاتی ہو اور کھڑی ہو تو چمکیلی کلس لگتی ہو جیسے گرجا گھر کی گنبد، مسجد کے مینار کی طرح باوقار نظر آتی ہو، سرو کی طرح لمبا قد، تہذیب کے رنگ، مٹی کی خوشبو سے جُڑا پہناوا نرم گفتار، لہجے میں مٹھاس نازک دوشیزہ یہی خوبصورتی کا تصور کائنات میں مرکز ثقل ہے۔

ان تمام فطری خوبیوں اور خصوصیات کی مالک ہو تب ہی شادی کے لائق ہے۔ ان خوبیوں کی روشنی میں پرکھنے کی بنیادی وجہ مرد دن بھر کے کاموں سے توانائی کھو دے اور ذہنی تھکن محسوس کرے تو عورت اس کمی کو پورا کرے۔ جس طرح قربانی کے جانور بغیر عیوب کے پرکھا جاتا ہے اسی طرح شادی کے لیے لڑکی پسند کی جاتی ہے۔ اگر غریب گھرانے میں ان اوصاف کی مالک لڑکی ہو بھی تو وہ والدین کی لالچ سے اپنی برادری سے ہٹ کر مال داروں کے حصے میں چلی جاتی ہیں۔ چاہے مرد بے جوڑ ہی کیوں نہ ہو۔

شادی کے لیے لڑکی پسند کرنے جانا خواتین کا محبوب مشغلہ ہوتا ہے۔ اگر لڑکی پسند نہ آئے تو واپس آکر اسکا اور اس کے گھر والوں کا یہ جس طرح مذاق اڑاتی ہیں، یہ نہیں

سوچتیں کہ لڑکی اور اس کے گھر والوں کے دل پر کیا گزرے گی جب انہیں ان باتوں کا علم ہو گا۔ لڑکیاں بے چاری بار بار کی اس رونمائی سے ذلت محسوس کرتی ہیں اور دل ہی دل میں بد دعائیں دیتی ہیں کہ ان لڑکے والوں نے عورت کو ایک بھینس یا گائے کا درجہ دے دیا ہے۔ جسے جو گاہک جب چاہے آئے، دیکھے اور چلا جائے۔ لیکن۔۔۔ حیرت اُس وقت ہوتی ہے جب یہی لڑکی ایک بہن یا ماں کی حیثیت میں بہو دیکھنے جاتی ہے تو اس کو وہ وقت یاد نہیں رہتا جب دوسرے کبھی اس کا بھی اس کے رنگ، چال، زبان یا خاندان پر مذاق اڑاتے تھے۔ جو کچھ اس پر گزری تھی وہ بالکل فراموش کر دیتی ہے اور بے حِس ہو جاتی ہے۔ واپس آکر وہ بھی اسی طرح مذاق اڑاتی ہے جیسے کبھی اس کا اڑایا گیا تھا۔

یہ عمل پدری شاہی نظام کے تحت عمل پذیر ہوا ہے۔ اگر ہم ماضی کا تاریخی تجزیہ کیا جائے تو معلوم ہو گا یہ سلسلہ تاہنوز ہے۔ اگر خوبصورتی مرد کی تسکین کا ذریعہ ہے تب بھی اس کی اہمیت برخرار نہیں ہے۔ مردانہ سماج نے خواتین کو شباب میں فرست کے اوقات گزارنے اور صرف دل جوئی کی چیز سمجھا ہے۔ حقائق کی روشنی اور دانشوارون کے دلائل اور کئی شہادتوں سے یہ وضع ہے عورت کائنات کی تنہا خوبصورتی کا واحد حسن اور یکتا جمال ہے۔ جسے مردوں نے پیروں تلے روندھ رہے ہیں۔ اس عمل کی بنیادی وجہ خواتین کی نہ آگہی کی وجہ سے ہو رہی ہیں۔ مرد محض طاقت کے ہتیار سے مرد ہمیشہ سے خواتین پر مسلط ہو رہا ہے۔ جس سے خواتین اپنے حقوق کھو رہی ہیں۔ اس کی شخصیت جنسی خواہش کے لیے ایک نرم و نازک اور ملائم، گداز چکیلا جسم کی ہی حیثیت سے اہمیت کی حامل ہے۔

شادی کے سلسلے میں تبدیلی یہ آئی کہ نشاۃ ثانیہ میں جہیز کا مطالبہ اور زیادہ ہو گیا۔ جس سے سماج میں خواتین کی اہمیت پست ہو گئی۔ جو غریب لڑکیاں جہیز نہیں دے سکتی تھیں وہ نن بن گئیں۔ بیواؤں کو دوسری شادی سے قطعی طور پر منع کر دیا گیا اور

شوہر کی یاد میں پوری زندگی گزار دے۔ تنگ ماحول میں شوہر کے بغیر زندگی دردناک ہو جاتی تھی اسی لیے خواتین ستی ہونا پسند کرتی تھیں۔ سوائے ستی ہونے کے کوئی راستہ نہیں تھا۔ اگر شریف خاتون کو زبردستی اغوا یا آبروریزی کر دی جائے تو ان خواتین کو بھی سماج قبول نہیں کرتا تھا۔

طوائف بننے کی بنیادی وجوہات میں مردوں کے مظالم، روایات، بیوگی، بڑی عمر تک شادی نہ ہونا، بانجھ پن۔ تنہا ہونے کی صورت میں جنسی استحصال کی شکار ہو جاتی تھی۔ ان حالات میں بیشتر خواتین طوائف بن جاتی تھیں اور اپنے بچیوں کی تربیت پانچ سال کی عمر سے ہی رقص، موسیقی، نغمہ نگاری، لکھنا پڑھنا، زبان بیان ، قواعد، ادب، شاعری، فلسفہ، منطق کے اصول، بازی ، شطرنج ، اور مصوری وغیرہ پر دسترس دیتی تھیں تاکہ اُن تمام فنون سے مردوں کی دل جوئی اور گاہکوں کو ذہنی غذا فراہم کر کے داد اور قیمت وصول کر سکے۔ ایسا ہونے بھی لگا لیکن ۱۸۵۷ء کے ہنگامے میں ان کی جائداد اور مال و اسباب کو ضبط کر لیا گیا۔ جس کے بعد ان کی اہمیت اور گھٹ کر فن کاری سے صرف جنسی کاروبار تک محدود ہو گئی۔ آگے چل کر انہیں حکومت کی نگرانی میں سپاہیوں کے استعمال میں رکھا جانے لگا۔

چینی خواتین پر پاک دامنی کا کافی حد تک زور تھا۔ اس کے برعکس مردوں کا دوسری خواتین سے جنسی تعلقات رکھنا جائز تھا۔ بیوی اولاد کی دیکھ بھال کے لیے ہوتی تھی۔ طوائف جنسی تسکین کے لیے۔ جاپان میں تو باقاعدہ لڑکیاں خرید کر طوائف بننے کے طور طریقے سیکھا کر دولت مندوں کی جنسی تسکین کے لیے بھیجا جاتا پھر بھی انہیں عیب سے نہیں دیکھا جاتا تھا۔ کیوں کہ وہ خاندان کے لیے قربانی دیتی تھیں۔ اس کے بعد گھریلو خواتین سے زیادہ اہمیت طوائفوں کو ملی۔ کیوں کہ وہ خود کفیل اور باصلاحیت ہو گئی

تھیں۔ بادشاہی خواتین کو غیر مرد سے تعلق رکھنے کی اجازت نہیں تھی۔ یہاں تک کہ کبھی کبھی تو شک کی بنیاد پر سخت کاروائی کی جاتی تھی۔ شوہر مرنے کے بعد بھی کسی دوسرے سے شادی یا رشتہ نہیں رکھ سکتی تھی۔ کیوں کہ وہ حکمرانوں کی عزت و آبرو بن جاتی تھی۔ حکومتوں کی تبدیلی کے موقعے پر ہارے ہوئے بادشاہوں کی خواتین کے ساتھ بہت برا سلوک کیا جاتا انہیں اپنی مرضی کے مطابق استعمال کیا جاتا۔ 'جب یلدرم کو تیمور کے ہاتھوں شکست ہوئی تو اس نے یلدرم اور اس کی بیگم دونوں گرفتار ہوئے، تیمور نے یلدرم کو ایک پنجرے میں قید کیا اور اس کی بیوی کو برہنہ دربار میں ساقی گری پر مجبور کیا۔،اس کے علاوہ بادشاہ کو اگر کسی کنیز پر شک بھی ہو جائے تو اس کی سزا یہ تھی بوری میں باندھ کر فاسفورس میں ڈبو دیا جا تا تھا۔ اس کا ایک واقعہ موجود ہے۔"ابراہیم (۱۶۴۰۔۱۶۲۳ء) کے عہد میں پیش آیا۔ اسے بتایا گیا کہ حرم میں یہ افواہ ہے کہ اس کی کوئی کنیز کسی خواجہ سرا کے ساتھ پائی گئی۔ اس پر تفتیش شروع ہوئی۔ مگر اس کنیز کی شناخت نہیں ہو سکی۔ ابرہیم نے اس کا یہ حل نکالا کہ محل کی ۲۸۰ کنیزوں کو بوریوں میں بند کر کے فاسفورس میں ڈبونے کا حکم دے دیا۔" اتفاق سے جو کنیز اس سزا سے بچ گئی وہ اس حقیقت کو منظرِ عام پر لائی ورنہ پھر حقیقت معدوم ہو جاتی۔ آج بھی کئی قبیلوں میں بیٹی کو شادی کے بعد ذات سے باہر کر دیا جاتا ہے اور وہ پرایا دھن کہلاتی ہے۔ کچھ لوگ تو بیٹی کے گھر کا پانی بھی نہیں پیتے۔ ان غیر فطری روایات و مظالم کی وجہ سے تانیثیت کا تصور ظہور پذیر ہوا۔ اس کے علاوہ تعلیمی مسائل بھی بڑے نازک تھے۔ انہیں گھر سے نکلنے کی اجازت نہیں تھی۔ کہیں تھوڑی نرمی سے کام لیا بھی جاتا تو تعلیم میں دوسرا درجہ تھا۔ سر سید احمد خاں کا بھی نظریہ یہی ہے۔"تم یقین جانو کہ دنیا میں کوئی ایسی قوم نہیں ہے کہ جس میں مردوں کے حالات درست ہونے سے پہلے عورتوں کی

حالت درستی ہو گئی ہو۔۔۔۔ تمہارے لڑکوں کی تعلیم میں کوشش کی جائے۔ جب وہ تعلیم یافتہ ہو جائیں گے تو مقبوضہ حقوق از خود بے مانگے تم کو واپس مل جائیں گے۔" سر سید نے بھی خواتین کو دوسرے درجہ کی حیثیت سے دیکھا۔ حقیقت تو یہ خواتین موقع پاتے ہی مردوں سے بہتر کام کر سکتی ہیں۔ مثلاً سربرہِ مملکت بھی ہوئیں، جنگیں لڑیں، سفارتی فرائض انجام دئے، معاہدے کر کے ملک اور دیگر ممالک کے مسائل حل کرنے میں معاون و مددگار ثابت ہوئی۔ اس کی ایک مثال رضیہ سلطانہ ہے۔ التمش نے لڑکوں کی طرح لڑکیوں کی بھی تربیت کی۔ جس سے لڑکیاں گھوڑسواری، تیر اندازی، شمشیر زنی یہاں تک کہ ہر میدان میں ذہین اور باصلاحیت ثابت ہوئی۔ اس کے علاوہ جلیل القدر فرمانروا، عادل، رعیت کی پرداشت خیال رکھا، لشکر کشی اور حملہ آوری کی نہج، سودمندی میں وہ سیاسی، سماجی، اور اخلاقی اعتبار سے زیادہ اہمیت کے حامل تھیں۔ نورجہاں مغل سلطنت کے استحکام اور دربار کی شان و شوکت بڑھانے میں بھی مددگار بنی۔ لیکن مرد مسلط معاشرہ اُن کی صلاحیتوں کی مخالفت اور نظر انداز کرتا رہا۔ بقول امیر خسرو "ہر بادشاہ جس کی خواہش یہ ہو کہ اس کا خاندان برباد نہ ہو اور اس کا ملک تباہ نہ ہو اور اس کا وقار شکوہ قائم رہے اسے چاہیے کہ وہ عورتوں کو ڈھیل نہ دے۔ انہیں صرف اس بات کی اجازت ہونی چاہیے کہ وہ اپنے ملازموں اور ماتحتوں کے بارے میں بات چیت کر سکیں۔" لیکن تانیثی ناقدین نے ایسے معاشرے کی تشکیل دی جو خواتین کا احترام کرے اور ان کے حقوق و صلاحیتوں کی نشادہی کی۔ یہاں تک کہ ان کے کسی بھی پہلو کو نظر انداز نہ کرے۔ اُن کے وجود کو تسلیم کرے۔ جس سے وہ سماج میں محفوظ ہو۔ وہ سماج مہذب نہیں جس میں خواتین کا دوسرا درجہ ہو اور مرد کے شانہ بہ شانہ نہ چلیں۔ جب کہ یہ نصف حصہ خواتین تعلم و تربیت میں مرد سے پیچھے نہیں ہے۔ اس کے باوجود انہیں سابقہ

روایات میں جکڑ کر رکھنا غیر مناسب ہے۔

چند دانشور خواتین نے مودبانہ اور ملتجیانہ انداز میں نسوانی حقوق کے مسائل کی طرف توجّہ مبذول کی۔ لیکن خاطر خواہ نتیجہ بر آمد نہیں ہوا۔ اس کے بعد میری وال سٹون کرافٹ نے تانیثی تصنیف شائع کی جس میں جنسی مساوات، حقوق اور مسائل کی وضاحت کی اور جو مردوں کی بالادستی کے تصوّر کو غیر فطری ثابت کرنے کی کوشش ہے، غلامی کا خاتمہ، نابالغ بچیوّں کی سرپرستی، جائداد اور اعلیٰ تعلیم میں مساوی حصّہ، سب سے اہم ووٹ کا حق ہے۔ ایک اور تصنیف منڈ برک کی A Vindication of the Right of men(۱۹۹۰) کے جواب میں لکھی گئی۔ برک نے خواتین کو دوسرے درجہ کی حیثیت سے پیش کیا تھا۔ جب کہ عورت نہ سیکنڈ سیکس ہے نہ ہی حقیر۔ میری وال سٹون کرافٹ برک کی تانیثی تھیوری کو رد کر کے اپنا نظریہ پیش کیا۔ یہی خیال عتیق اللہ کا ہے۔ "عورت کو محض سامان عیش ماننے سے انکار کیا بلکہ جنسی و صنفی تصوّر تفوّق کو سختی کے ساتھ غیر فطری اور غیر منطقی نیز ایک سماجی دین ٹھہرایا۔ حقوق کے ضمن میں اس کا اصرار مساوات کے اس ڈھانچے پر تھا جسے مرد عورت پر بغیر از تخصیص بلند و پست منطبق کیا جا سکے۔-" یہ دونوں ناقدین کے فہم و ادراک سے یہ واضح ہوتا ہے۔ خواتین پر صدیوں سے ظلم و ستم اور استحصال کا سلسلہ جاری ہے۔ انہیں ہمیشہ مجہول، کمزور، ناقص العقل، پیشہ کے لحاظ سے مرد کے بہ نسبت کم تر سمجھا۔ مذہبی، سیاسی اور سماجی سطح پر ہی کیوں نہ ہو ان کے درجات میں تفریق کی گئی۔

پدری نظام سے خواتین کے درمیان غیر مساوی تقسیم ہوئی۔ حد تو یہ ہے کہ خواتین کو انسان نہیں بلکہ بعض دفعہ اشیاء سمجھ کر کنیادان کیا گیا ہے۔ اس کی ایک بہترین مثال بابر جب سمر قند میں قید تھا تو اپنی عزت اور تخت و تاج کے بچاؤ میں۔ "اپنی بہن خانزادہ بیگم کو

شادی کے لیے شیبا خان کے حوالے کر کے فرار ہو گیا۔ راجپوت حکمرانوں نے اکبر کو شادی کے لیے اپنی لڑکیاں پیش کیں تا کہ وہ مغل خاندان و سلطنت کا حصہ بن کر مراعات حاصل کریں۔، عورت شرط میں جیتی و ہاری جاتی تھی۔ کیوں کہ مرد عورت پر ملکیت کے حقوق رکھتا تھا اس کی زندہ مثال "پانڈو کی ہے کہ جنہوں نے دروپدی کو جوئے میں ہار دیا تھا۔، اس دور میں یہ رسم عام تھی خواتین کو بطور تحفہ یا ہدیہ، رشوت میں دی جاتی تھی۔ یا فروخت کرنے میں کوئی عیب نہیں سمجھا جاتا تھا۔ 'سلطنت کے گورنر تحفے میں یا ماتحت حکمران خراج میں خواتین بھی مہیا کرتے تھے۔، ہندوستان کی طرح مصر میں بھی سیاسی اغراض سے شاہی خواتین ہو یا ماتحتین یا مفتوح حکمران خاندانوں سے شادیاں کی جاتی تھیں۔ اپنی بیٹیوں کو رشوت میں دشمنی مٹانے اور قربت حاصل کرنے کی اغراض سے تحفہ میں دیتے تھے۔ ایک بادشاہ نے دوسرے ماتحت حکمراں کو لکھا 'اپنی بیٹی کو بادشاہ کے حضور میں بھیجو جو کہ تمہارا مالک و آقا ہے۔۔۔ میں نے اپنی بیٹی کو بادشاہ کے حضور میں بھیجا ہے جو کہ میرا آقا، دیوتا اور سورج خا ہے۔، اس سے یہ ثابت ہوتا ہے کہ حکمراں بیٹیوں کو فاتح اور طاقتور بادشاہوں کی خدمت میں بطور تحفہ پیش کرتے تھے۔ اس طرح شاہی حرم میں اتنی کثیر تعداد میں خواتین جمع ہو جاتی تھیں کہ ان سب سے جنسی تعلقات تو نہیں رکھتے ہوں گے۔ کچھ شہادتوں سے معلوم ہوتا ہے وہ خواتین کپڑا ابنانا، نجی ضرویات کے کام، گھریلو استعمال کی صنعت کاری اور خود ہی کی آرایش میں مصروف رہتی تھیں۔ یہ تمام قربانیاں یہ سمجھ کر سہتی تھیں کہ وہ ملک کے امن میں معاون و مددگار ثابت ہو رہی ہیں۔ لیکن یہ تمام قربانیوں کو روایت سمجھ کر قبول کر لیا جاتا تھا۔ مذہبی اعتبار سے جو آج قحبہ گری کو گناہ سمجھا گیا اسی پیشے کو قدیم مذاہب میں نہایت معزز بلکہ مقدس سمجھا جاتا تھا۔ پروہت خوبصورت لڑکیوں کو خریدتے تھے اور لوگ منت مان کر بچیوں کو

مندروں میں چھوڑ جاتے تھے۔ کم وقت میں ان کی تعداد اچھی خاصی بڑھ جاتی تھیں۔ جنہیں رقص و موسیقی میں مہارت ہوتی تھی اور وہ مذہبی معاملات میں حصہ لیتی تھیں۔

پروہتوں نے مذہب کے نام پر عصمت فروشی کو جائز قرار دیکر جنسی استحصال کیا۔ آگے چل کر ہر خاتون کم از کم ایک بار غیر مرد کے سپرد ہونا مذہبی فریضہ سمجھ نے لگی۔ یہ عقیدہ پیشے کی شکل اختیار کرنے لگا بیسویں صدی کا مشہور فلسفی و ادیب برٹرینڈر سل کے خیال میں "اس قسم کی عورتوں کو جو پروہتوں اور یاتریوں کی تفریح طبع کا سامان بہم پہنچاتی تھیں بڑا معزز سمجھا جاتا تھا۔ ہندوستان میں ماضی قریب تک انہیں دیو داسیاں کے معزز لقب سے یاد کرتے رہے ہیں۔ آج بھی جنوبی ہند میں سری رگم اور تروپتی کے مندروں میں دیوداسیاں موجود ہیں۔،، دیو داسیوں کے کام سے جو معاوضہ ملتا تھا اسے مندروں کے لیے استعمال کیا جاتا تھا۔ یہی دیو داسیاں ہیں جو تاریخ کی پہلی طوائفیں کہلاتی ہیں۔ یہ رسم خواتین کے لیے ایسا کاری ضرب ہے جس کا داغ آج تک نہیں مٹ سکا۔ کسی فرد کو سامان کی طرح قربان کرنا۔ مذہب یا قانون کے لیے غیر شائستہ حرکت ہے۔ خواتین کا صرف جنس کی بنا پر استحصال کیا جارہا ہے۔ مرد مسلط سماج نے نجی خواہشات کی خاطر شرمناک اعمال کیے جو غیر انسانی ہیں۔ ہندو دھرم میں دیوتاؤں کے بُت عریاں ہیں۔ جس سے شہوانی تلذذ اور عصمت فروشی کو فروغ ملا۔ بقول وی پی سوری :

"مندروں میں بہت سے دیوتاؤں کے بُت عریاں حالت میں ہیں اور اجنتا وغیرہ کی غاروں میں بنے ہوئے اصنام تو کلیتاً انسان کی جنسی زندگی کی مصوری کرتے ہیں۔ ان کی پرستش کی جاتی ہے جب اتنی ہجان خیز چیزیں عبادت کے لیے منتخب کی جائیں تو عبادت کرنے والوں کا بہک جانا ایک لازمی امر ہے۔۔۔ جنوبی ہند کے کئی مندروں کے ساتھ

اب بھی دیوداسیاں طوائفیت کی زندگی بسر کرتی ہیں اور ان میں سے اکثر آتشک اور سوزاک کے باعث انتقال کر جاتی ہیں۔ان لڑکیوں کے ماں باپ ان کی کجروی پر افسوس کرنے کے بجائے اس پر فخر کرتے ہیں۔"

اکثر دیہات میں پنچایتی فیصلے رغبت یا پنچوں کی لالچ کی وجہ سے بنا سمجھے جذباتی ایک طرفہ ہوتے تھے۔جو خواتین کے حق میں ناسور ثابت ہوتے تھے۔ان صبر آزما مشکل آزمائشوں سے گذرنے والی صعوبت زدہ خواتین کے صیغہ سے متعلق سید سخی حسن نقوی لکھتے ہیں 'امباپالی ایک حسین و جمیل دوشیزہ تھی۔جب اس کے ساتھ شادی کرنے والے امیدواروں کی تعداد زیادہ ہوگئی اور اس کے باپ کو فیصلہ کرنے میں دشواری ہوئی تو اس نے معاملہ لھچوی گن (پنچایت) کے سامنے رکھا۔لیکن پنچایت کے اراکین نے امباپالی کو دیکھ کر یہ فیصلہ کیا کہ امباپالی چوں کہ 'ہیرا، ہے اس لیے اس کا بیاہ کسی کے ساتھ نہ کیا جائے بلکہ اُسے پنچایت کی ملکیت قرار دیا جائے اور اس کے حسن و جمال سے پوری پنچایت فیض یاب ہو۔،اس طرح غریب معصوم لڑکیاں مجبوراً فیصلے کی اتباع کرتی ہیں۔ساری زندگی بے جوڑ مردوں کی جنسی تسکین کا سبب بنتی رہی۔اس کی اپنی کوئی مرضی شامل نہیں رہتی۔چندر گپت موریہ نے تو بیسواؤ کے دلالوں کی آمدنی پر ٹیکس وصول کیا تھا۔علاوالدین خلجی نے تو 'ان کا بھاو مقرر کر دیا تھا اور ایک حکم جاری کیا جس کی رو سے مقررہ بھاؤ سے زیادہ رقم وصول کرنا سختی سے ممنوع قرار دیا۔،اس پیشے کو اکبر کی حکومت نے تو عام تجارت کی طرح فروغ دیا اور اس کی رہنمائی افسروں کی نگرانی میں کرتے تھے۔بقول ڈاکٹر وی۔پی۔سُوری کہ:

"اس پیشے کو قانونی شکل دینے میں معاون ہوئی۔کیوں کہ یہ پیشہ حکومت کے لیے آمدنی کا ایک ذریعہ تھا۔بقول کنور محمد اشرف کے منتخب التواریخ کے حوالے سے

لکھا ہے۔' دہلی کے بیرونی علاقے میں اس نے عصمت فروش عورتوں کے لیے جُدا گانہ رہائشی مکانات تعمیر کروا دیئے تھے۔سب عصمت فروش عورتوں کو وہاں رہنے کا حکم دیا گیا وہاں کے معاملات کی دیکھ بھال کے لیے خصوصی سرکاری افسر مقرر کیے گئے۔جو مرد کسی عصمت فروش کے ساتھ شب باشی کرنا چاہتا اس کو اپنی جملہ تفصیلات ایک رجسٹر میں درج کرنی ہوتی تھیں۔اگر کوئی افسر یا سرکاری ملازم کسی باکرہ لڑکی سے ہم بستر ہونا چاہتا تو اسے شہنشاہ سے خصوصی اجازت نامہ حاصل کرنا ہوتا تھا۔ان قواعد کی خلاف ورزی پر بڑی سخت سزا دی جاتی تھی۔،،

یہ قدیم روایت آج بھی شکل و صورت اور نام بدل کر حکومت کی نگرانی میں پھل پھول رہی ہے۔جس کا اعلیٰ نمونہ ممبئ کے بھینڈی بازار میں کھلے عام پولس تھانے کے آس پاس ہونے والی قحبہ گری ہے۔چاہے بیسیوں جواز پیش کرلیں۔جنسی استحصال معاشرے کے لیے معیوب فعل ہے۔یہ معصوم طبقۂ اناث مردوں کی غیر ذمہ داری کا نتیجہ ہے۔جو مہذب سماج کے لیے بدنما کلنک ہے۔غالب کا خیال خواتین کے حق میں غلط ثابت ہو رہا ہے' رنج سے خُوگر ہو انساں تو مٹ جاتا ہے رنج، یہ کیسا رنج ہے؟ ان پر اتنی مشکلیں پڑ رہی ہیں کہ آساں نہیں ہوتیں؟۔یہ بھی بہن بیٹی تو کسی کی ماں ہوگی پھر کیوں تماشائی ورونق بازار کی؟۔بنی مسکراہٹ کا سبب تو کبھی کسی برانڈ کا لیبل بس اتنی حقیقت ہے اس کی۔وہ غم کھا کر پیاس آنسوؤں سے بجھاتی ہیں۔پھر بھی ان کے پاس حسب نسب نہیں ہے۔سب کو ایک ہی عزت دیتی ہیں!عادت خراب ہے اس کی مجبوری مگر مردوں نے نہ سمجھا گلے لگا کر، کیوں ہاتھ کسی کے کمر سے سر پر نہیں رکھے جاتے، کوئی تو ہو باپ بھائی ان کا۔کیوں کا بدل ہی تانیثیت ہے۔

تانیثیت کی مختصر تاریخ: مغربی ادب میں تانیثیت کی کئی متضاد تھیوریز وجود میں

آئی ہیں۔ آغاز امریکہ میں ۱۸۴۸ء میں نسائی حقوق اور مسائل سے متعلق پہلی کانفرنس سے ہوا۔ بعد میں مختلف تنظیمیں قائم کی گئیں۔ بنیادی مقاصد نسائی حقوق کی بحالی، سماجی منصب کا تعیّن۔ اُن کی انفرادیت تسلیم کرنے کی کئی شکلیں سامنے آئیں۔ جو تہذیبی، اخلاقی، تعلیمی، معاشی، اقتصادی حقوق اور دیگر مقاصد کو پورا کرنے میں معاون و مددگار ثابت ہوئیں۔

پچھلے دو سو سالوں سے ادبیات عامہ میں تانیثی شعور موجود ہے۔ مغربی مفکرین اور قلمکاروں میں واضح نقوش، خواتین کے سیاسی و نظریاتی فلسفے کی بنیاد چند ممتاز خواتین ادیباؤں کے ہاتھوں رکھی گئی۔ جن میں جان سٹوورٹ مِل (John Stuart Mill) نے محکومیِ نسواں' کے عنوان سے ۱۹۲۹ء کو ایک مضمون اور " On the subject of women" کے نام سے لکھا۔ اس کے علاوہ سیمون دی بور (SIMONE 'de BEAVOIR)، نے the SECOND SEX میں تانیثیت پر کھل کر اظہارِ خیال کیا۔ گرمین گریئر (Germaine Greer)، جوڈتھ بٹلر (Judith Butler)، ورجینیا وولف، ایچ۔جی۔ ویلز ، جولیا کرسٹیوا، ایلی سیزو، ماریا انتونیتا، برونٹیس (Brontes) الزبتھ گاس کیل (Elizabeth Gaskell)، فلورنس نائٹنگیل (Florence Nightingale) وغیرہ شامل ہیں۔ اُن کے بعد چارلوٹ یونگ (Charlotte Younge)، دیناہ ملوک کریک (Dinah Malok Craik)، ایلزبتھ لِنٹن (Elizabeth Liynin Linton) اور برناڈ شاہ وغیرہ چند اہم نام ہیں۔

ان تخلیقات میں تانیثی رجحانات ہیں۔ جو خواتین کی بازیافت، شناخت، سماجی و سیاسی مرتبے، استحصال، محکومی و محرومی اور جبر و استبداد اُن تمام معاملات کو وکیلوں کی طرح منطقی اور سائنسی دلائل سے تشریحات پیش کرتے۔ تانیثی رجحان آہستہ آہستہ بین

الاقوامی سطح تک پھیل گیا۔ تانیثی فکریں اردو ادب میں بھی پہلے سے ریختی، غزل، اور ناول وغیرہ کی شکل میں موجود تھیں۔ مغرب میں تانیثیت نے زور پکڑا تو اردو ادب میں بھی متعدد خواتین قلم کاروں نے تانیثی فکر کو موضوع بنایا۔ جن کے چند اہم نام اللہ عارفہ، عصمت چغتائی، قرۃ العین حیدر، فہمیدہ ریاض، پروین شاکر، کشور ناہید، شہناز نبی، فرخندہ نسرین، شفیق فاطمہ، ساجدہ زیدی، سارہ شگفتہ، رفیعہ شبنم عابدی، بلقیس ظفیرالحسن، صالحہ عابد حسین، ترنم ریاض اور عنبری رحمٰن قابل ذکر ہیں جنہوں نے خواتین کی نجی زندگی اور سماج میں ان کا صحیح مقام دلانے کے لیے بذریعہ تخلیقات احتجاج کیا۔ "مثلاً چوتھی صدی عیسوی میں الوارا کی مذہبی تنظیم کی جانب سے جو اعلانات کیے گئے وہ یہ تھے کہ عورت کو لکھنے پڑھنے کی آزادی نہیں ہونی چاہیے اور نہ یہ اجازت کہ ان کے نام سے خطوط آئیں۔" پھر بھی شروعات میں زنانہ اخبارات یا جرائد میں اپنی پہچان پوشیدہ نام سے لکھتی تھیں جیسے ہمشیرہ فلاں۔۔۔ ہمشیرہ احمد علی، والدہ افضل علی وغیرہ۔ بعد کے ادیباؤں نے کھل کر تانیثی تشخص کے مسئلے کو پیش کیا۔

ادب میں تانیثیت۔ادب کا تانیثی مطالعہ احتجاج ونعرے بازی کرنے کے بجائے حق و انصاف دینے کا نام ہے۔ جو پدری سماج کے اصولوں کا خاتمہ کر کے ایک نئے معاشرے کو پیدا کرتی ہے۔ تانیثیت کے اہم نمونوں میں سماج اور معاشرے میں دبی کچلی وپسی ہوئی خواتین کے ردِ عمل، نفسیات اور سوچ کو مابعد جدید نے افکار بنانے کی شروعات کی۔ جو تانیثی مصنفین نے خواتین کے ہر جائز مقاصد کو پورا کرنے میں معاون ثابت ہوئی۔

خواتین اُردو ادب میں تانیثیت کی پہلی واضح آواز رشید جہاں اور عصمت چغتائی سے بلند ہوئی۔ جن کے موضوعات جذبات، کیفیات، نفسیاتی اور ردِ عمل کے ہیں۔ جو ایک

وفادار بیوی، فرماں بردار بیٹی، کسان و مزدور خواتین کے ہتھیلیوں کے چھالے، بدن کے کھرنڈے، لڑکیوں کی کم عمر کی شادیوں کے مضر اثرات، مردوں کی روایتی وفاداری، لطیف جذبوں کو صیغہ آواز میں باندھنے کی سعی تھی۔ یہ رجحان عصمت چغتائی پر ہی ختم نہیں ہوتا۔ بشریٰ رحمن کے فکشن میں نسائی حقوق کی تفصیلات ملتی ہیں۔ قرۃ العین حیدر نے سماجیاتی، ثقافتی اور سیاسی و فلسفیانہ پس منظر میں اپنی تخلیقات رقم کیں۔ ان تخلیقات نے خود بینی اور جہاں بینی کی بہترین عکاسی کی ہے۔ انہوں نے شجرِ ممنوعہ کو ہاتھ لگایا تو کبھی لکشمن ریکھائیں پار کیں۔ یہاں تک کہ شادی بیاہ کے معاملوں میں خواتین کی رضامندی کو بھی موضوع بنایا۔ ہندو پاک تقسیم کے مضر اثرات پر قرۃ العین حیدر، عصمت چغتائی، جمیلہ ہاشمی اور کئی قلم کاروں نے تانیثی فکر کو موضوع بنایا جیلانی بانو کے خیال میں "اس تباہی میں سب سے زیادہ مار 'عورت' نے سہی ہے۔ کیوں کہ اس ملک میں زمین کی طرح عورت بھی مرد کی ملکیت سمجھی جاتی ہے۔ جو بیچی اور خریدی جا سکتی ہے۔ پیدا ہونے سے پہلے مار ڈالی جاتی ہے۔ شوہر اپنی بیوی کے ساتھ برسوں زندگی گزارنے کے باوجود کسی بھی نا اتفاقی کی بنا پر جب چاہے صرف تین حرف 'طلاق' ادا کر کے ساری زندگی اسے دوزخ کی آگ میں جھونکتا ہے۔ اسے اپنی پاک دامنی ثابت کرنے کے لیے اگنی پریکشا سے گزرنا پڑتا ہے۔ پھر زمین میں سما جانا ہے۔ "اس کے ذمہ دار بھی مرد ہی تھے۔ خواتین زیادہ تر ہوس کا نشانہ اور کئی طرح کے مظالم کا شکار بنیں جس خاتون سے زنا بالجبر کیا جاتا تھا۔ وہ یہ بھی نہیں جانتی تھی اس کے بچے کا باپ کون ہے۔ ایک شریف النفس کے لیے اس سے بڑی سزا کیا ہو گی؟ دشمن کی اولاد کو اپنے دودھ سے پرورش کرے۔ 'کرماں والی، یہ کہانی کشمیری لال ذاکر نے لکھی تھی۔ جہاں عصمت چغتائی نے غریب، نچلی، بے نور، بوڑھیاں، مہتر انیاں، اور غیر رتبہ پسماندہ خواتین کی ذہنی بیداری

کی کوشش کی۔ جمیلہ ہاشمی نے بھی خواتین کے اس کڑوے کرب کو ظاہر کیا۔ جو آج بھی سماج میں عورتوں کو خرید فروخت کیا جارہا ہے اور بیجا تعریف کی جاری ہے۔ اس سلسلہ میں ابوالکلام قاسمی لکھتے ہیں۔ "غزل کی حکمرانی نے تو عورتوں پر تغزل کے دروازے اس طرح بند کئے تھے کہ وہ جانِ غزل تو بن سکتی تھی مگر خود غزل گو نہیں بن سکتی تھی۔" ایسی صورت میں قرۃ العین حیدر نے خواتین کو جذباتی، ذہین اور طاقتور بنا کر پیش کیا جو مردوں کی برابری کرتی ہو۔ باشعور صاحب رائے جو عالمی سطح پر ادبی و تاریخی نظر رکھتی ہو، گھریلو ذمہ داریوں کا بوجھ بھی سہتی ہو اور فرسودہ روایتوں کو توڑ کر خود مختاری کا اعلان بھی کرتی ہو۔ ایسی بہادر کردار منظرِ عام پر لائی۔

انہیں عناصر کے کردار ہاجرہ مسرور، خدیجہ مستور اور ممتاز شیریں کے افسانوں میں بھی ہیں۔ فہمیدہ ریاض نے ازدواجی زندگی کے نازک احساسات و جذباتی پسپائیوں کو تخلیق کا موضوع بنایا۔ اس کے علاوہ کشور ناہید، رفیعہ شبنم عابدی، بلقیس ظفیر الحسن، پروین شاکر، پروین فناسید، سفین فاطمہ، شعریٰ، شہناز نبی، ادا جعفری، عذرا پروین، ثمینہ، جیلانی بانو، بانو قدسیہ، فرخندہ لودھی، رضیہ فصیح احمد، زاہدہ حنا اور ساجدہ زیدی، زاہدہ زیدی، رُخسانہ جبیں، شبنم عشائی، صغرا مہدی، عبّاسی بیگم، حسن بیگم، بیگم شاہنواز، مسز عبد القادر اور نذر سجاد حیدر کے فکشن، شاعری اور ادب کے دیگر اصناف میں تانیثیت کے اہم گوشے نظر آتے ہیں۔ ان تخلیق کاروں نے خواتین کے مسائل پر عالمانہ نظر ڈالا۔ جہاں تک ہو سکتا تھا ان کی حسّیت، وفاشعاری، پاک دامنی، شرم وحیا، معاش، بھوک، افلاس، پسماندگی، جہالت، تشدد اور استحصال کی تصویر کھینچی۔ تا کہ خواتین کے ساتھ ہونے والے غیر جانب دارانہ مرد مسلط سماج کی تنگ دستی سے راست آگہی ہو سکے۔ مثال کے طور پر صغرا ہمایوں مرزا نے 'موہنی' ناول میں طلاق، بیواؤں، کی دوبارہ شادی

اور پسند کی شادیوں کے مسائل کو موضوع بنایا۔ رشید جہاں نے بھی مردوزن کے لیے مروّجہ دو الگ الگ معیار اور تہذیبی اصولوں پر اپنے خیالات کا اظہار کیا۔ منجملہخواتین قلم کاروں نے تانیثی فکر کو مرکزی موضوع بنایا جو نسائی کردار کی عکاسی، حقوق کی پامالی اور جبر واستحصال کے خلاف اندولن ہے۔ ان کے بنیادی مقاصد خواتین کی سیاسی، سماجی، معاشی، معاشرتی، سرکاری، خانگی، ثقافتی، مذہبی، مسلکی اور تعلیمی تمام مسائل کی شعوری سطح پر بیداری پیدا ہو سکے تاکہ کوئی یہ نہ کہے "اگلے جنم مُوہے بٹیا نا کیجو جواب کیسے ہو داتا ایسا نہ کیجو"۔ ؟

تانیثی فکر:

تانیثیت کی بازگشت بین الاقوامی سطح پر کام کر رہی ہے۔ جن میں خاص فرانس ،برطانیہ ،شمالی امریکہ ،ریاست ہائے متحدہ امریکہ اور کینیڈا وغیرہ میں قابل قدر ادبی خدمات انجام دی جا رہی ہیں۔ اُنیسویں صدی میں تانیثیت باقاعدہ مغربی ادب کا ایک اہم منفرد حصّہ اور مسلمہ حقیقت کی شکل میں ہمارے سامنے نظر آتی ہے۔ اردو ادب کی علم بردار خواتین نے تانیثی جذبات ، تخیلات ،احساسات ، انانیت ،خلوص و درد مندی، ایثار، مروت ، محبت ، شگفتگی کا عنصر ،اور بے لوث محبت شعاری ، دل پر گزرنے والی ہر بر محل بات ،فی الفور ،بلا واسطہ انداز کو الفاظ کے قالب میں ڈھال کر اظہار کی پاکیزگی اور اسلوب کی ندرت کے معجز نما اثرات سے قوت ارادی بڑھا دی۔ چاہے وہ کسی بھی پس ماندہ ،غریب اور وسائل سے محروم ملک ہو۔ جہاں اب تک بد قسمتی سے جہالت نے مسلک کی صورت اختیار کر لی ،ایسی جگہوں پر نہ صرف نسائیت بلکہ پوری انسانیت پر عرصہ ءحیات تنگ کر دیا جاتا ہے۔ مردوں کی بالادستی ، غلبے کے ماحول اور حریت فکر کی شمع فروزاں رکھی۔ جبر کے ہر انداز کو مسترد کیا۔ مساوی حقوق کے اظہار کو اپنا نصب العین بنایا۔ جس

سے ان کی ذہانت، نفاست، شائستگی، بے لوث محبت اور نرم و گداز لہجہ۔ ان کے اسلوب کا امتیازی وصف قرار دیا جانے لگا اور آنسوؤں کو ہنسی میں بدلنے کا قرینہ پیدا کیا۔ خواتین کی تحریروں میں زیر لب مسکراہٹ، آنسوؤں کا ضبط، تضادات، بے اعتدالیاں اور ہنسنا اس مقصد سے دل برداشتہ ہو کر رونا تانیثی مصنفین کی بنیادی فکریں ہیں۔

تانیثی جہات کی دسترس میں انسانیت کے وقار، سربلندی کے اہداف، مستحکم شخصیت اور قدرتی حسن و خوبی کی لفظی مرقع نگاری، اوصاف حمیدہ، حسن و خوبی، دلکشی، اثر آفرینی کا کرشمہ، جمالیاتی احساس، نزاکت بیان، جذبوں کی تمازت، خلوص کی شدت، بے لوث محبت، پیمان وفا کی حقیقت اور اصلیت، لہجے کی ندرت، لب و لہجہ میں ہمیشہ ایک انفرادیت، ان کی دلچسپیاں، وابستگیوں اور رعنائیوں سے یہ روزِ روشن کی طرح عیاں ہے اور ان کی تحریروں سے حسن نکھرتا ہے۔

تانیثیت کے مقاصد:

خواتین کی صلاحیتوں کو نکھارنا۔ فراواں مواقع کی جستجو پیدا کرنا ہے۔ جائز آزادانہ حقوق کی بحالی نسائی خوشحالی اور ترقی کے افق کی مشکلات کو نیست و نابود کرنا۔ ضمیر کی للکار سے جبر کے ایوانوں پر لرزہ طاری کر دینے کی صلاحیت سے متمتع کرنا۔ اصل مقصد علمِ بشریات، عمرانیات، معاشیات، ادب، فلسفہ، جغرافیہ ہو یا نفسیات ہر شعبوں میں نسائی حقوق کی مساوات حاصل ہوں۔ تاکہ انسانیت کی توہین، تذلیل، تضحیک، بے توقیری کرنے والے و ارزال اور سفہا کے کریہہ چہرے سے نقاب اٹھایا جا سکے۔ ایسے ننگ انسانیت وحشیوں کے قبیح کردار سے اہل درد کو آگاہ کرنا۔ نسائی اقدار عالیہ کا تحفظ اور درخشاں روایات سلامت رہیں۔ سماج کے بڑھتے ہوئے جنسی جنوں اور ہیجان کی مسموم فضا کا قلع قمع کرنا۔ اخلاقی بے راہ روی کو مٹا دینا ہی تانیثیت کا اصل مقصد ہے۔

تانیثی تحریک مساوی حقوق کی وکالت کرتی ہے اور حاشیہ بردار خواتین کو انصاف دلانا چاہتی ہیں۔ کیوں کہ ہر دور میں خواتین نے قربانیوں کے لیے ہمیشہ مرد کے شانہ باشا نہ ساتھ دیا۔ وہ زندگی کو خوشگوار جینا اور حائل مشکلات کا سد باب چاہتی ہیں۔ اس ضمن میں ڈور روتھی پار کرنے Modern Women: The Lost Sex میں رقم طراز ہے "عورت کہنے کے بجائے صرف انسان کہا جائے۔" تانیثی مسائل کا حل نسائی سوالیہ نعرے بازی سے نہیں مرد کے پر خلوص مفاہمتی رویے سے ہو۔ تانیثیت مرد پر حملہ نہیں مفاہمت کا اپروچ ہے۔ جس سے کوئی انکار نہیں کر سکتا۔ نپولین کہتا ہے "عورت ایک ہاتھ سے بچے کا جھولا جھلاتی ہے تو دوسری ہاتھ سے وہ چاہے تو سارے عالم کا جھولا جھلا سکتی ہے۔" تانیثی ناقدین کا اصل مقصد دنیا میں مختلف اقسام کے عدم مساوات کا تصور باطل کرنا ہے اور مرد اساس معاشرے میں خواتین کی بے قدری، محرومی اور اس پر عائد کردہ پابندیوں کی آزای ہی تانیثیت کا بنیادی مقصد ہے۔

تانیثیت کے فائدے:

تانیثیت نے خواتین کو مضبوط حوصلے اور اعتماد سے آگے بڑھنے کے راستے ہموار کیے۔ اخلاقی اوصاف حمیدہ سے نہایت فیاضی اور مساوی حیثیت و تحفظات میں معاون ثابت ہوئیں۔ مژدہ جاں فزا سنایا کہ قید حیات اور بند غم سے دلبر داشتہ ہونے سے حفاظت کی۔ عزت و وقار سے زندگی کو خوب سے خوب تر جینے کی جستجو دی۔ حوصلہ افضائی اور ارتقا کی جانب گامزن رہنا سکھایا۔ کامرانی اور مسرت کی کوشش کرنا اور اپنی صلاحیتوں کا لوہا منوانے کا ہنر سکھایا۔ حریت فکر اور آزادی اظہار کی خاطر کسی قربانی سے دریغ نہ ہونے دیا۔ اپنے تخلیقی وجود کا اثبات کرکے جنسی موزوں ارتباط کی جانب توجہ مبذول کی۔ خواتین کو سماج میں اہم مقام و مرتبہ حاصل ہوا۔ خوابیدہ صلاحیتوں میں نکھار پیدا

ہوا۔ تخلیقی اظہار کرنے کے مواقعے پیدا کرنے کا آغاز ہوا۔ اب وہ پروفیشنل ہے اور ذمہ داری کا احساس رکھتی ہے۔ مردوں کی مکاریوں اور سازشوں سے آگاہ ہے۔ وہ اپنے فہم و ادراک سے کام لیتی ہے۔ اس کی اپنی رائے، نظریہ ہے اور تصورات ہیں۔ یہ لَے تانیثی مصنفین کے یہاں پوری شدت کے ساتھ کارفرما ہے۔ ان کی حیثیت کبھی پست تو کبھی بلند و خفیف ہے۔

خواتین پر مردوں کا سکہ رائج تھا تو انہیں اکثر و بیشتر رعایت میں ہی حوصلہ افزائی کی جاتی تھی۔ تانیثی تحریک کے بعد جہاں انہیں کچھ کرنے کے مواقع فراہم ہوئے تو انہوں نے تاریخ بناڈالی جس کی قابلِ فخر مثال اردو فکشن میں قرۃالعین حیدر رہے۔ آپ بیتی میں بھی صفِ اول نام حمیدہ اختری حسین کا لیا جاسکتا ہے۔ ان کے علاوہ دنیا کے ہر شعبے میں خواتین نے اپنے جوہر دکھلائے ہیں۔

اولین خواتین سیاست دانوں میں نوربانو، اینی بسنٹ، سروجینی نائیڈو اور لکشمی پنڈت کے علاوہ وزیرِ اعلیٰ سیتا کرپلانی، اپنے عہدے کے ساتھ ساتھ ۱۹۴۶ میں مشرقی بنگال کے فسادات سے متاثر ہونے والی خواتین کو بچایا۔ نواکھلی کے فساد میں گاندھی جی کے ساتھ اہم خدمات انجام دیں۔ ہندوستان کی ایم۔ پی۔ (برٹین)'زیر بانو گرورڈ، کو پارلیمنٹ کی پہلی ایشائی خاتون ہونے کا اعزاز حاصل ہے۔ ان سے پہلے اس ملک کی خاتون کو برٹش ہاؤس کامس میں جانے کا موقع نہیں ملا۔ لڑکیوں اور اقلیتی فرقوں کے حقوق کی خدمات کے لیے انہیں 'نہرو شتابدی پُرسکار، دیا گیا۔ انہوں نے جرنلزم کورس کیا تھا۔ ASHA، تنظیم جو انسانی فلاحی کے کام کرتی ہے۔ اس کی فاؤنڈر بھی رہی اور ایک تصنیف Confession to a Serial womaniser کے نام سے لکھا۔ جس میں ۶۰ ملکوں کی ۳۰۰ خواتین کی خدمات کا ذکر کیا ہے۔ تاکہ دیگر خواتین کی حوصلہ افضائی ہو۔

' ہنسا مہتا، پہلی وائس چانسلر ،ادیبہ اور مقررہ ہیں۔ مجاہدہ آزادی میں کئی بار جیل گئیں۔ وزارتِ خارجہ کی ترجمان 'نروپمارااؤ، کی اہم خدمات سیاسی ہیں۔ راجیو گاندھی کے ساتھ جانے والے وفد میں شامل تھیں۔ بھارت چین سفارتی وقف کار تھیں۔ بھارت کی سفیر رہی ہیں، ہائی کمشنر رہی، چین میں ہندوستان کی سفیر مقرر ہوئیں اور واشنگٹن اور ماسکو کی سفارت کار اور وزارتِ خارجہ جو شرقی ایشائی کاموں کی جوائنٹ سیکریڑی بھی رہی ہیں۔ اسی طرح ایک اور نام قابل ذکر ہے۔ جو الکشن کمشنر 'نیلا ستیہ نارائن، نے عہدے کے ساتھ انڈین سیول سروس کا آغاز کیا۔ اتنی بڑی افسر ہونے ساتھ وہ شاعرہ بھی ہیں۔ جن کی ۱۵۰ سے زیادہ نظمیں البم کی شکل اختیار کر چکی ہیں اور میوزک بھی دیا ہے۔

کھیلوں کے میدان میں خواتین مواقع فراہم ملتے ہی مردوں سے بہترین خدمات انجام دیں۔ انگلش چینل پار کرنے والی تیراکی ' آرتی ساھا، کافی عرصے تک ہندوستان کے علاوہ کئی ملکوں کی اول تیراکی رہی۔ ' شائنی ولسن، اولمپک سیمی فائنلسٹ رَنر ہے۔ اس نے ۷۵ سے زیادہ قومی و بین الاقوامی سطح پر چار مرتبہ اولمپک کھیلوں میں حصہ لیکر اس ملک کی بہترین نمائندگی کی۔ Asian Track and Field Meets میں ۶ دفعہ کھیل کا مظاہرہ کیا، جس میں ۷ گولڈ، ۵ سلور اور دو برانز میڈل حاصل کی، SAF ۱۸ گولڈ دو سلور میڈل جیتیں اور ۱۸ برس تک ۸۰۰ میٹر دوڑ کی نیشنل چمپئن رہی، پدم شری انعام حاصل کی۔ اس کے علاوہ کئی اور اعزازات سے نوازی گئی۔ 'میری کام، ورلڈ چمپئن مکے باز ہے۔ جس نے ارجن' پدم شری' راجیو گاندھی کھیل رتن، لمکا بک آف ریکاڑ سے کھیل رتن ایوارڈس The Northeast Excellence Award حاصل کی، سہارا انڈیا پریوار سے The Sports woman of the Year کا اعزاز ملا اور Yelo Woman Achiever FCCI Ladies Organization اعزاز سے نوازا

گیا۔ 'کنجارانی دیوی، گولڈ میڈلسٹ ویٹ لفٹر ہے۔ اس نے کھیل جوہر کامن ویلتھ گیمس میں گولڈ میڈل جیتا، شنگھائی میں ایشین ویٹ لفٹنگ چمپئن جیت کر ایک سلور، برانز میڈل حاصل کی۔ مانچسٹر میں دو سلور میڈل ملے اور دیگر سات ملکوں میں سات سلور میڈلس حاصل کی۔ انڈونیشیا میں ۳ سلور میڈل ملے اس طرح وہ ملکی اور غیر ملکی سطح پر ۵۱ میڈلس حاصل کر چکی ہیں۔ اس کے علاوہ دیگر اعزازات سے بھی نوازی جا چکی ہیں۔ سائنا نہوال، 'سُپر سیریز وِنر اسٹار شٹلر ہے ۲۰۱۰ میں ایک ساتھ ۳ انعامات حاصل کرکے ورلڈ ٹینس رینکنگ میں ۳ درجہ پر آگئی تھی۔ 'تیجسونی سانت، ورلڈ چمپئن نشانے باز ہے یہ خطاب اس کو میونخ (جرمنی) میں ملا تھا۔ ورلڈ شوٹنگ چمپئن شپ ۵۰ میٹر رائفل پرون کے مظاہرے سے برانز میڈل ملا جو عالمی ریکارڈ بن گیا اور کھیلوں کے میدان میں دلی کامن ویلتھ گیمس میں 'کرشنا پونیا، کو ٹریک اینڈ فلڈ گولڈ میڈل وِنر سے نوازا گیا۔ اس کی یہ کامیابی اس ملک کو کامن ویلتھ گیمس کی ایتھلیٹکس کیٹگری ۵۲ سال بعد ملی اس کی اصل حقدار کرشنا پونیا ہے۔

آج کی خواتین کھیلوں کے علاوہ ہواؤں میں بھی اپنی پوشیدہ صلاحیتوں سے یادگار تاریخ بنا رہی ہیں۔ جس کی مثال 'سُمن شرما، جو لڑاکو جہاز پائلٹ بنی ہندوستان کے علاوہ وہ عالمی سطح کی اولین خاتون ہے۔ جس نے Russian MIG-۳۵ جہاز اُڑا کر ایک ہفتے میں ۱۰ بلین ڈالر IAF Fighter Deal حاصل کی۔ 'وینا سھارن، نے ہندوستان کے 'گج راج' طیّارہ آئی ۷۶۔ اس ملک کا فضائیہ عظیم طیّارہ ہے۔ اُسے چالیس گھنٹے پرواز کر کے ریکارڈ قائم کیا اور سونامی کے دوران اہم خدمات انجام دی۔ 'وحیدہ پرسم، نے سرجن لیفٹیننٹ کمانڈر کی حیثیت سے بہترین خدمات کی۔

خواتین نے نہ صرف طیاروں کی اُڑان بھری بلکہ آفیسر ہو یا ادنیٰ ورکر ہر روپ میں

مرد سے کمتر نہیں۔ جن میں 'پدما بندو پادھیائے، ایئر مارشل کی حیثیت سے اس ملک کی فوج ایئر کو موڈور کا عہدہ سنبھالا ، بھارتی فضائیہ کی سینٹرل میڈیکل اسٹیبلشمنٹ کی کمان رہی، کیرالا کمیشن فار بیک ورڈ کلاسز کی چیئر پرسن رہی، ہیومن رائٹس کمیشن کی ممبر بنائی گئی، بھارت جیوتی ایواڈ سے سرفراز ہوئی اور دیگر اعزاز و انعامات سے بھی نوازی گئی۔ اس کی اہم خدمات راجیو گاندھی مرڈر کیس کے ملزموں کی رحم کی درخواست نامنظور رہے۔

خواتین کی یہ تمام خدمات آج کی تاریخ ہے۔ پھر مرد معاشرہ انہیں مساوی درجہ دینے سے انکار کرتا ہے۔ اس ملک کی تانیثیت کی علمبردار ادیبہ تارابائی شندے کی شکل میں منظرِ عام آئی جس کا نام 'چوکیلا ایرّ ہے وہ خارجہ سیکریٹری رہی۔ اس نے امریکہ کے کوفی عنّان کو دلی میں استقبال کرنے کا اہم فریضہ انجام دیا اور دیگر ملکوں کے تعلقات ٹھیک کرنے کے فرائض بھی انجام دئے۔

محاصل:

تانیثی شعور سے خواتین اپنی ذات کی شناخت کر رہی ہیں۔ تاریکیوں سے نکل کر دیومالائی قصوں سے الگ نئی پہچان بنا رہی ہیں۔ بے جا رسومات اور چار دیواری سے آزاد کھلی فضا میں اپنے حق کا لوہا منوا رہی ہیں۔ پرانی نسائیت کو نئی جہت سے روشناس کرا رہی ہیں۔ مردوں کی جو پہچان تھی آج وہی خواتین کی بن رہی ہے۔ انہیں آج بھی سماج میں روایتی قدر حاصل ہے۔ جیسے محاوروں، ضرب الامثال، اور لطیفوں کے ذریعے خواتین کا خاص تصور ہے۔ اگر کچھ مرد خواتین کی صلاحیتوں سے اتفاق رکھتے ہوں تو انہیں 'زن مرید، کہا جاتا ہے۔ صنفِ نازک سمجھ کر جسمانی کمزوریوں پہ توجہ مبذول کیا جاتا ہے۔ کسی بھی طرح سے مرد اپنے برابر مقابلے کی شئے ماننے سے منکر ہے۔

خواتین کی یہ امیج ادب، فلم، ڈرامہ، شاعری، آرٹ اور فنون لطیفہ یہاں تک کہ ہر

میدان میں صاف نظر آتی ہے۔ پست حیثیت کی بنیادی وجوہات میں کمتر احساسات و خیالات کو دور کیا جائے تو تانیثیت کے مقصد کو حاصل کر سکتی ہیں۔جو تانیثی تصویر ہمارے سامنے ہے۔ یہ ہر لحاظ سے اہم ہے کیوں کہ، ظلم وزیادتی اور مرد کے اقتدار طاقت کے باوجود خواتین نے شکست قبول نہیں کی۔وہ ہر وقت امتحان کے لیے تیار رہی۔ گر چے دبایا، کچلا گیا اس کی پہچان مٹانے کی حتی الامکان کوشش کی گئی۔ اس نے اپنی بقاء کی جنگ زندگی کے ہر لمحہ میں لڑتی رہی۔اس کی مثال وہ خواتین ہیں جنہوں نے بحیثیت سربراہِ مملکت، فوج کے سپہ سالار، ادیبہ وشاعرہ اور فن کار کی حیثیت سے انہوں نے اپنی بات منوالی۔ مرد غالب معاشرہ ہونے کے باوجود ان کی روایات وماحول میں انہوں نے بڑی خاموشی سے اپنی پہچان بنائی جو آج زندگی کے ہر شعبے میں موجود ہے۔

یہ سچ ہے کہ مشرق سے زیادہ مغرب میں تانیثیت کا غلبہ ہے۔خواتین تیزی سے تانیثی تبدیلی کی طرف بڑھ رہی ہیں۔ وہ ثقافتی غلامی سے نکل کر آزاد ہونے کی ہر ممکن کاوشوں میں لگی ہوئی ہیں۔ جیسے اب تک خدا کو بحیثیت مذکر استعمال کیا جاتا ہے۔ اب یہ تانیثی فکر ہے خدا کو غیر جانبداری سے کہا جائے۔ اسی طرح سے چیئر مین کی جگہ چیئر پرسن کا استعمال ہو گیا ہے۔وہ اصطلاحات جو مقبول ہیں انہیں بدلنے کا نام ہی تانیثیت ہے۔لیکن آج بھی امریکہ و یورپ میں خواتین کو اُن کے نام سے نہیں مخاطب کیا جاتا۔ مثلاً شادی سے پہلے مس ٹامسن تو شادی کے بعد مسرز جانسن کہلاتی ہیں۔اس طرح سے اس کی اپنی پہچان ختم ہو گئی۔

خواتین کے مساویاتی حقوق میں مردوں کی کامیابی چھپی ہے۔ان کی خوشحالی معاشرے کو نئی توانائی دے گی۔وہ صلاحیتیں جو چاردیواری میں زنداں ہے۔ وہ معاشرے کے سدھارنے میں معاون ثابت ہوں گی۔اسی لیے تانیثیت کی جدوجہد اور

فکریں اب ہر گوشے میں شامل ہو رہی ہیں۔ خواتین کو ہر شعبے میں حریت ضمیر سے جینے کی آزادی اسلام نے آج سے چودہ سو سال پہلے دیا۔ یکساں مواقع، منصفانہ ماحول، عزت اور تکریم بلند مقام پیدا ہو رہا ہے۔ اس سے قبل کسی اور مذہب یا قانون نے نہیں دیا تھا۔ اب یہی آزادی تانیثی فلسفے کی بنیادی فکر ہے۔

ان تمام طرقی پذیر اس کیمات و تجاویز کے باوجود اب بھی خواتین بری طرح سماجی استبداد، قتل مادر جنین، نیلامی، اور جہیز کی بنا پر نظر آتش ہو رہی ہیں۔ اس کے علاوہ کئی نا انصافیوں کی شکار ہو رہی ہیں۔ منٹو نے ٹھیک ہی کہا تھا:"تم عورت عورت پکارتے ہو، عورت ہے کہاں؟ مجھے تو اپنی زندگی میں صرف ایک عورت نظر آئی جو میری ماں تھی۔ خواتین البتہ دیکھی ہیں۔،، اردو ادب سے بھی تانیثاؤں نے مردوں کی عائد کردہ تعریفوں اور اپنے آپ پر خود عاید کردہ ظلم واستبداد کو رد کرتے ہوئے نسائی شناخت وجمالیات کو تانیثی تھیوری کی حیثیت سے تحقیق کے دروازے کھول دِیے۔ تاکہ یہ نصف حصہ خواتین اپنے طور پر سوچ وچار کر سکیں، محسوس کریں، جینے سے مرنے تک کے در پیش آنے والی خواہشات، احساسات اور شعور وادراک کا نام ہی تانیثیت ہے۔ جسے بروئے کار لاتے ہوئے آج کی خواتین اپنے وجود کو منوانا ہے۔ مصائب اورآلام بے مہری سے دوچار ہونے کے باوجود عزم وحوصلے سے آگے بڑھنا ہی تانیثیت ہے۔ تعمیر وترقی اور تہذیبی ارتقاء میں خواتین کا کلیدی رول ہے۔ جس معاشرے کی خواتین کو سیاسی، سماجی، معاشی اور اخلاقی سطح پر امتیازی سلوک برتا جارہا ہے۔ اُن کی توہین، تضحیک اور تذلیل کی جارہی ہے۔ جو معاشرہ خواتین کی عزت نفس کا خیال نہ رکھے۔ اور کمتر دکھانے اور شکست دینے کے لیے ساری توانائیاں اور تخلیقی صلاحیتوں کو صرف کرتا رہے۔ نتیجہ یہ کہ سیاسی، اقتصادی، تہذیبی وتمدنی ترقی رُک جاتی ہے۔ ہمیں ان کے شعور فہم وذکاوت اور ان کی

صلاحیتوں کو ایک اہمیت دینی چاہیے۔ گھر کی سالمیت، ازدواجی زندگی، رشتوں کی حفاظت۔ تاکہ صنف نازک کی زندگی میں تبدیلی لانے کے کا ذریعہ بنے۔ ان کے سماجی رتبہ اور وقار میں اضافہ ہو۔۔۔۔ 'یہ خدا کی مصلحت ہے'وہ اپنے وجود کی اثبات چاہتی ہے لیکن وہ جنس کی قدر داں بھی ہے۔

حوالہ جات

- مغنی تبسم، لفظوں سے آگے (تنقیدی مضامین)، تعارف ص۱۲،مکتبہ شعر و حکمت، حیدرآباد، دسمبر ۱۹۹۳ء

- An Introduction to second wave ‹Feminist Theory Today"
Feminism " by Judith- Evans

- مغنی تبسم، لفظوں سے آگے (تنقیدی مضامین)، تعارف ص۱۱،مکتبہ شعر و حکمت، حیدرآباد، دسمبر ۱۹۹۳ء

- ابوالکلام قاسمی، تانیثیت کے مباحث، ماہنامہ اردو دنیا، فروری ۲۰۱۲، نئی دہلی، ص۲۰

- عتیق اللہ، تعصّبات، ایم۔ آر۔ پبلی کیشنز، ص۱۱۳، نئی دہلی، ۲۰۰۵

- عتیق اللہ پروفیسر، تانیثیت: ایک سیاقی مطالعہ، ص۳۵، مشمولہ، شبنم آرا، تانیثیت کے مباحث اور اردو ناول، ص۱۴، ایجوکیشنل پبلشنگ ہاؤس، دہلی، ۲۰۰۸

- مبارک علی، ڈاکٹر، تاریخ اور عورت (چوتھا ایڈیشن)، ص۔۱۳، ارتقا انسٹی ٹیوٹ آف سوشل سائنسز، کراچی، فروری ۲۰۱۰

- میری لوئس جانسین جوریٹ، Sesism، (نیویارک، ۱۹۸۲ء) ص ۸۴، مشمولہ، مبارک علی، ڈاکٹر، تاریخ اور عورت (چوتھا ایڈیشن)، ص۱۳۔۱۴، ارتقا انسٹی ٹیوٹ آف سوشل سائنسز، کراچی، فروری ۲۰۱۰

- مبارک علی، ڈاکٹر، تاریخ اور عورت (چوتھا ایڈیشن)، ص۔۲۹، ارتقا انسٹی ٹیوٹ آف

سوشل سائنسز، کراچی، فروری ۲۰۱۰

۔ ایضاً، ص۔ ۴۳

۔شاہنواز خان، ماثر الامراء، اردو ترجمہ، جلد اول، لاہور، ۱۹۶۸، ص ۶۸۴۔

۔ مبارک علی ڈاکٹر، تاریخ اور عورت (چوتھا ایڈشن)، ص ۳۶، ارتقا انسٹی ٹیوٹ آف سوشل سائنسز، کراچی، فروری ۲۰۱۰

۔ ایضاً، ص ۱۳۳

۔، مبارک علی ڈاکٹر، تاریخ اور عورت (چوتھا ایڈشن)، ص ۱۴۰، ارتقا انسٹی ٹیوٹ آف سوشل سائنسز، کراچی، فروری ۲۰۱۰

۔ مبارک علی، ڈاکٹر، تاریخ اور عورت (چوتھا ایڈشن)، ص۔ ۵۳۔ ۵۴، ارتقا انسٹی ٹیوٹ آف سوشل سائنسز، کراچی، فروری ۲۰۱۰

۔ ایضاً، ص ۵۵

۔ سیر سید، خطبات سر سید، حصہ اول (لاہور) ص۔ ۴۶۶۔ ۴۶۷

۔ منہاج سراج، طبقات ناصری، اردو ترجمہ، (لاہور، ۱۹۶۷) ص ۸۰۸۔ ۸۰۷

۔ عتیق اللہ، ترتیب و انعقاد، بیسویں صدی میں خواتین اردو ادب، ۲۰۰۲، دہلی، موڈرن پبلشنگ ہاؤس، ص ۸۷،

۔ مبارک علی ڈاکٹر، تاریخ اور عورت (چوتھا ایڈشن)، ص۔ ۱۱، ارتقا انسٹی ٹیوٹ آف سوشل سائنسز، کراچی، فروری ۲۰۱۰

۔ ایضاً۔ ص ۱۴۲

۔ ایضاً۔ ص۔ ۵۴

۔برٹرینڈرسل ، عورت: زندگی کا زنداں، مشمولہ، زاہدہ حنا، تخلیق کار پبلشرز، دہلی، ۲۰۰۶، ص ۲۷

۔وی۔پی سُوری،ڈاکٹر۔اردو فکشن میں طوائف،ادارہ فکرِ جدید،نئی دہلی۔۱۹۹۲ص۴۹

۔ وی۔پی سُوری، ڈاکٹر ،اردو فکشن میں طوائف،ادارہ فکرِ جدید،نئی دہلی۔۱۹۹۲ ص۵۳۔۵۴

۔ایضاً،ص۵۷

۔ایضاً،ص۵۷۔۵۸

۔ مبارک علی ڈاکٹر ،تاریخ اور عورت(چوتھاایڈشن)،ارتقا انسٹی ٹیوٹ آف سوشل سائنسز،کراچی،فروری۲۰۱۰،ص۔۴۶

۔جیلانی بانو ،بیسویں صدی میں خواتین اردو ادب،ترتیب و انعقاد عتیق اللہ ،موڈرن پبلشنگ ہاؤس،دہلی،۲۰۰۲،ص۱۹۔۲۰

۔ابوالکلام قاسمی،ایضاً۔ص۶۳

۔ہادی رسوا،ڈائرکٹر،انومالک،فلم 'امراؤجان ادا'،گیت 'اگلے جنم موہے بٹیا'

۔سید محمد عقیل،بیسویں صدی میں خواتین اردو ادب،ترتیب و انعقاد عتیق اللہ،موڈرن پبلشنگ ہاؤس،دہلی،۲۰۰۲،ص۳۵

۔نیپو لین، جدید تحریک نسواں اور اسلام ،مشمولہ، ثریا بتول علوی،پروفیسر ،منشورات،ملتان روڈ،لاہور،ص۳۸۰،

سعادت حسن منٹو،مشمولہ،دیویندر اسّر۔بیسویں صدی میں خواتین اردو ادب،ترتیب و انعقاد عتیق اللہ،ص۴۶،موڈرن پبلشنگ ہاؤس،دہلی،۲۰۰۲

(۵) خواتین ادب تاریخ و تنقید:
نسائی ادب کی تفہیم میں اہم اضافہ

ابو شحمہ انصاری

نسائی ادب پر ڈاکٹر صالحہ صدیقی کی نئی تصنیف "خواتین ادب تاریخ و تنقید" منظر عام پر آچکی ہے ،اس سے قبل مصنفہ کی تانیثیت پر مبنی اہم کتاب "اردو ادب میں تانیثیت کی مختلف جہتیں" اہل علم وفن کے درمیان داد و تحسین حاصل کر چکی ہے۔اس کتاب کی مقبولیت کے سبب اسے پاکستان کا مشہور معروف ادارہ "کتابی دنیا" پبلشنگ ہاؤس نے بھی شائع کرنے کا فیصلہ کیا ہے۔اس کتاب کے مطالعہ سے قبل ڈاکٹر صالحہ صدیقی کے بارے میں میں کچھ بتانا چاہونگا کہ میں پچھلے کئی سالوں سے ان کی تحریروں کا مطالعہ کرتا آیا ہوں،انہوں نے ہمیشہ نت نئے موضوعات خصوصا خواتین کی خدمات کے مختلف نکات پر قلم فرسائی کی ہے۔ یہ دور حاضر کی نوجوان قلمکاروں میں نمایاں مقام رکھتی ہیں۔بہت کم وقت میں اپنی محنت و کاوش سے اردو ادب میں یہ اپنی پہچان بنانے میں کامیاب رہی ہیں۔ آج اردو کا شاید ہی کوئی رسالہ یا جرائد ہو جہاں ان کی تحریریں شائع نہ ہوتی ہو۔ڈاکٹر صالحہ صدیقی ایک فعال متحرک قلم کار ہیں،ان کے بے شمار مضامین اب تک اردو ہی نہیں بلکہ ہندی زبان کے رسائل و جرائد کی زینت بن چکے ہیں،وہ نہ صرف مضمون بلکہ فکشن میں بھی دست آزمائی کرتی رہتی ہیں۔ ان کے افسانے،ڈرامے،بچوں کی کہانیاں اور نظمیں بھی منظر عام پر آچکے ہیں۔ڈاکٹر صالحہ صدیقی کی مشہور تصانیف میں

اردو ادب میں تانیثیت کی مختلف جہتیں ، ضیائے اردو، سورج ڈوب گیا، نیاز نامہ قابل ذکر ہیں۔ ڈراما "علامہ" ہندی ترجمہ بھی منظر عام پر آچکا ہے۔صالحہ صدیقی کی کتابوں اور ان کی ادبی خدمات کے لیے مختلف اداروں و تنظیموں نے اعزازات و انعامات سے بھی نوازا ہے مثلاان کی کتاب ڈراما "علامہ" اور " نیاز نامہ " کے لیے اتر پردیش اردو اکیڈمی کی طرف سے انعام دیا گیا،اس کے علاوہ احمد نگر ضلع اردو ساہتیہ پریشد نے "اردو خدمت گار ایوارڈ " ہلپ کیئر فاؤنڈیشن نے "جہانگیر لٹریری ایوارڈ " سے نوازا ہے۔ صالحہ صدیقی "ضیائے حق فاؤنڈیشن" کی چیئر پرسن ہیں۔اس فاؤنڈیشن کا مقصد لڑکیوں کی تعلیم و تربیت اور اردو زبان کو فروغ دینا ہے۔اس کے علاوہ یہ کئی ادبی تنظیموں سے وابستہ ہیں۔ یہ مختلف ادبی پروگراموں اور سرگرمیوں میں مصروف رہتی ہیں۔

زیر نظر کتاب ان کا یقینا اہم کارنامہ ہے۔اس کتاب کو دیکھ کر ہی اندازہ لگ جاتا ہے کہ مصنفہ نے بڑی عرق ریزی سے اس کارنامے کو انجام دیا ہے۔ انہوں نے خواتین کی خدمات پر ایک بھرپور کتاب لکھی ہے۔اس کتاب کی ابواب بندی قابل تعریف ہے، ایک ہی نظر میں اس کتاب کا قائل ہونا پڑتا ہے، کور پیج سے لے کر مواد تک تمام پہلوؤں پر مصنفہ نے باریک بینی سے محنت کی ہے۔ یہ کتاب قومی کونسل برائے فروغ اردو زبان کے مالی تعاون سے 'ضیائے حق فاؤنڈیشن پبلشنگ ہاؤس پریاگ راج' سے شائع ہوئی ہے۔ جو دس ابواب پر مشتمل ہیں۔ اس کتاب میں نثری، غیر نثری، شعری ، تنقیدی ،تحقیقی اور دیگر اصناف میں اردو ادب کی خواتین قلمکاروں پر ، مبنی اکتالیس مضامین شامل ہیں۔ جو انفرادی اہمیت کے حامل ہیں۔ان میں سے بیشتر مضامین ہندوستان و بیرون ممالک کے مختلف رسائل و جرائد کے زینت بن چکے ہیں۔اس کتاب میں ڈاکٹر صالحہ صدیقی کی سوانحی کوائف کے ساتھ ساتھ ان کی تخلیقات پر ہندستان کے مفکرین و

دانشوروں کے تاثرات بھی شامل ہیں ،اس کتاب کے سلسلے میں ڈاکٹر صالحہ صدیقی رقم طراز ہیں:

"اس کتاب میں خواتین کی نثری، غیر نثری اور شعری اصناف میں کی گئی خدمات کا بھرپور جائزہ پیش کیا گیا ہے۔اس کتاب میں خواتین کی خدمات کو دس ابواب میں منقسم کیا گیا ہے۔ تاکہ خواتین کی خدمات کا اعتراف مختلف زاویے سے بھرپور انداز میں کیا جا سکے۔ جیسا کہ پہلے بھی کہا گیا کہ خواتین نے خصوصا اردو ادب میں آزادی کے بعد اپنے نام سے لکھنا شروع کیا تھا اور انہوں نے تقریبا تمام اصناف میں دست آزمائی کیں۔ خواتین نے ان خدمات سے اردو کے دامن کو گرانبار کیا لیکن افسوس کہ خواتین کی ان کاوشوں کو سوائے چند اہم ناموں کے بیشتر خواتین کو نظر انداز کر دیا گیا وہ گوشہ گمنامی میں رہیں۔ ان کو تحقیق و تدریس کا موضوع بھی نہیں بنایا گیا ،یہی وجہ ہے کہ یہ باب آج بھی تشنگی کا احساس رکھتا ہے۔ آج بھی بے شمار خواتین قلمکاروں پر تحقیق کرنے کی ضرورت ہے۔ خواتین کی شعری اصناف میں غزل اور نظم پر اسی طرح نثر میں ناول ،افسانہ پر تو مواد کی کوئی کمی نہیں ملتی اس کے برعکس خواتین کی غیر نثری اصناف پر توجہ اس طرح نہیں کی گئی یا تحقیق کا موضوع نہیں بنایا گیا، جس کا نتیجہ یہ ہوا کہ خواتین کی خدمات کا یہ حصہ گوشہ گمنامی میں رہا۔ انہیں کمیوں کو دیکھتے ہوئے میں نے 'اردو ادب میں خواتین ہند کی خدمات' پر یہ کتاب 'خواتین ادب تحقیق و تنقید' لانے کا فیصلہ کیا اور کوشش کی ہے کہ تمام اصناف میں خواتین کی خدمات کا جائزہ لے سکوں اور ان کے ساتھ انصاف کر سکوں۔"

اس کتاب کا انتساب اکیسویں صدی کے معروف و مقبول ناول نگار مشرف عالم ذوقی اور ان کی اہلیہ تبسم فاطمہ صاحبہ کے نام کیا گیا ہیں ،جو کرونا میں ہم سے جدا ہو گئے

، لیکن صالحہ صدیقی کی اس کتاب کے بارے میں اپنے خیالات کا اظہار کر گئے ، وہ لکھتے ہیں :"صالحہ صدیقی کو میں نے آگے بڑھتے ہوئے دیکھا ہے ، وہ ایک متحرک اور فعال قلمکار ہیں جو بہت تیزی سے اپنی پہچان اردو ادب میں بنا رہی ہیں، ان کی کئی تصنیفات جس میں علامہ اقبال پر لکھا ڈراما اور فیمنزم پر ان کی کتاب کو میں اہم مانتا ہوں۔ یہ خوش آئند بات ہے کہ نوجوان قلمکار بدلتے وقت کی آہٹ کو محسوس کر رہا ہے ، اس لڑکی میں بھی آگے بڑھنے کے بہت امکانات مجھے نظر آ رہے ہیں، میں بس یہی کہوں گا کہ لکھو، خوب لکھو اور بے خوف لکھو۔ "(خواتین ادب تاریخ و تنقید)

تبسم فاطمہ بھی اپنے خیالات کا اظہار یوں کیا:

"امید رکھنی چاہیے کہ صالحہ صدیقی کی نسائی ادب پر مبنی کتاب کے منظر عام پر آنے سے ہندوستان کے ذہین اور تانیثیت یا استری ویمرش سے محبت کرنے والے اہل قلم اس کی روشنی میں اس موضوع کو نئی زندگی دینے میں کامیاب ہو جائیں گے۔ اردو میں اس طرح کے کام ہونے چاہیے ، دلی مبارکباد "(خواتین ادب تاریخ و تنقید)

اردو میں اپنے معیار کی یہ پہلی کتاب ہے۔ چونکہ اردو میں نسائی ادب کی تفہیم پر بہت کم کام ہوا ، ایسے میں یہ کتاب سنگ میل ثابت ہو گی۔ اس کتاب کے سلسلے میں اپنے خیال کا اظہار کرتے ہوئے مناظر عاشق ہرگانوی نے بھی لکھا:

"اردو ادب میں خواتین کی خدمات کی نئی جہتیں اور نئے زاویے اس تحقیقی کتاب سے سامنے آتے ہیں۔ مختلف ابواب پر مشتمل اس کتاب میں موضوع سے بھرپور انصاف کیا گیا ہے اور نئے نکتے نئے تنقیدی انداز سے اجاگر کیے گئے ہیں۔ سمندر کی تہہ سے بازیافت کی اس چھب کی روشنی جداگانہ ہے اور دھج کی جگمگاہٹ قابل دید ہے۔ اکیسویں صدی کی یہ کتاب جامع اور بھرپور ہے اور فکری جہات کو نئی معنویت بخشتی

ہے۔"(خواتین ادب تاریخ و تنقید)

اسی طرح اکیسویں صدی کے معروف و مقبول ہر دل عزیز ممتاز فکشن نگار شموئل احمد نے بھی مصنفہ کی اس کتاب پر اپنے خیال کا اظہار کیا وہ لکھتے ہیں:

"صالحہ صدیقی نے بہت کم وقت میں اردو ادب کی دنیا میں اپنی ایک منفرد پہچان بنائی ہے، خصوصا نسائی و تانیثی ادب میں جو کہ آسان بات نہیں ہے، لیکن اس کے علاوہ ان کا اقبال پر جو ڈراما ہے وہ عام روش سے ہٹ کر ہے یہ ان کی تخلیقیت کی غماز ہے۔ صالحہ تخلیقیت سے بھرپور ہے، علامہ اقبال پر ان کا ڈراما ان کی تخلیقیت کی گواہی دیتا ہے، اور یہ ڈراما اپنی نوعیت کی بالکل منفرد تخلیق ہے۔ مجھے امید ہے صالحہ کی تازہ تصنیف "خواتین ادب تاریخ و تنقید" کو بھی ادبی حلقوں میں دیگر تصنیفات کی طرح پیار اور توجہ حاصل ہو گا۔ اس عمدہ کاوش اور اردو شعری و ادبی خدمات کے لیے میں ان کو مبارکباد پیش کرتا ہوں۔ ان سے مستقبل میں کئی امیدیں وابستہ ہیں۔"

یہ کتاب بلا شبہہ مصنفہ کا اہم کارنامہ ہے۔ ۱۰۱۶ اصفحات پر مشتمل نثری، غیر نثری ،شعری، تحقیقی و تنقیدی و دیگر اصناف پر مشتمل خواتین کی خدمات کو ایک کتاب میں جمع کر دینا واقعی قابل تعریف کارنامہ ہے، ظاہر ہے اس ضخیم کتاب پر تفصیلی گفتگو کرنا اس مختصر مضمون میں ممکن نہیں۔ نسائی ادب اور اس کے تمام نکات کو جاننے کے لیے ڈاکٹر صالحہ صدیقی کی یہ کتاب یقینا اہم ذریعہ ہے جسے ہر طالب علم کو پڑھنا چاہیے۔ خصوصا ان طلباء کے لیے یہ ایک کارآمد کتاب ہے جو نسائی ادب میں دلچسپی رکھتے ہیں یا نسائی ادب کے مطالعہ کے شوقین ہیں۔ مجموعی طور پر ڈاکٹر صالحہ صدیقی کی یہ کتاب یقینا اردو ادب کے سرمایہ میں ایک نیا اضافہ ہے، جسے امید ہے ادبی حلقوں میں وہ مقام دیا جائیگا جس کی یہ مستحق ہے۔ میں ڈاکٹر صالحہ صدیقی کو اس عمدہ تحقیقی کام کے لئے مبارکباد پیش کرتا ہوں۔

(۶) نسائی ادب اور تانیثیت (تحقیق و تنقید) از اکرم کُنجاہی

ڈاکٹر رئیس احمد صمدانی

تعارف کتاب

کتاب: نسائی ادب اور تانیثیت (تحقیق و تنقید)

مصنّف: اکرم کنجاہی، صفحات: ۴۸۰، ناشر: رنگ ادب پبلی کیشنز، اُردو بازار، کراچی۔

اکرم کنجاہی ایک شاعر کی حیثیت سے دُنیائے ادب میں وارد ہوئے تھے، لیکن اب یہ اندازہ لگانا مشکل ہوگیا ہے کہ وہ شاعر اچھے ہیں یا نثر نگار۔ بہر حال، صاحبِ کتاب حضرت راغب مُراد آبادی کے شاگرد ہیں، جس پر انہیں فخر بھی ہے اور احساس بھی۔ "راغب مُراد آبادی (چند جہتیں)" اُن کی کتاب ہے، جس کے دو ایڈیشن شایع ہو چکے ہیں۔ علاوہ ازیں، چار شعری مجموعے بھی منظرِ عام پر آ گئے ہیں، لیکن اب اُن کی پوری توجّہ تحقیق و تنقید پر ہے۔ حال ہی میں اکرم کنجاہی کی زیرِ نظر کتاب منصۂ شہود پر آئی ہے، جسے تنقیدی و تحقیقی مجموعہ کہا جاسکتا ہے۔

نسائی شاعری کا ارتقا اور نسائی فکشن کا ارتقا، اس کتاب کے بنیادی موضوعات ہیں، جن پر انھوں نے سیر حاصل گفتگو کی ہے۔ اس کتاب میں خواتین قلم کاروں کی خدمات اور کارکردگی کو زیرِ بحث لایا گیا ہے۔ صاحبِ کتاب نے سینئر، جونئیر کی تخصیص کے بغیر اُن تمام خواتین قلم کاروں پر لکھا، جو ادب میں اپنے ہونے کا کوئی نہ کوئی جواز رکھتی ہیں۔ کتاب کا دیباچہ معروف شاعر، صحافی، زیب اذکار حسین نے لکھا ہے۔ اکرم کنجاہی نے

فلیپ نگاروں کو زحمت نہیں دی کہ اب وہ اس منزل پر آگئے ہیں کہ لوگ اُن سے اپنی کتابوں پر لکھوانے کے متمنّی ہوتے ہیں۔

تبصرۂ کتاب

اکرم کنجاہی اردو ادب کے ان شہسواروں میں سے ہیں جو تحقیق و تنقید کے میدان میں اپنے جوہر دکھارہے ہیں۔ "نسائی ادب اور تانیثیت" ان کے تحقیقی و تنقیدی مضامین کا مجموعہ ہے جس میں انہوں نے نسائی ادب کے حوالے سے معروف شاعرات اور فکشن نگار خواتین کے معاشرتی مسائل سماجی ناانصافی، رسم و رواج کے نام پر ظلم و زیادتی اور جنسی گھٹن کو اپنا موضوع بنایا ہے۔ اکرم کنجاہی صاحب کی دو تصانیف "دامنِ صد چاک (شعری مجموعہ)" اور "راغب مُراد آبادی (چند جہتیں" پر اظہاریہ لکھ چکا ہوں، ابھی پیش نظر تصنیف پر اظہاریہ مکمل بھی نہیں ہوا تھا کہ کنجاہی صاحب نے اپنی تصنیف 'لفظ، زبان اور ادب (تحقیق و تنقید) اور پھر "غزل کہانی" عنایت فرمائیں۔ انشاء اللہ ان کا تعارف بھی جلد پیش کرنے کی سعیَ ہوگی۔

مَیں جناب زیب اذکار حسین جنہوں نے پیش نظر تصنیف کا پیش لفظ بھی تحریر فرمایاہے کی اس بات سے اتفاق کرتا ہوں کہ 'نظریاتی طور پر ادب کو خانوں میں بانٹا جائے ،خواتین کے ادبی کام کو تفریق کے ساتھ دیکھنے پر تعصب کا گمان گزرتا ہے'۔ لیکن نسائی ادب کے حوالے سے خواتین تنقید نگاروں کے علاوہ مرد تنقید و تحقیق نگاروں نے اسے اپنا موضوع بنایا ہے۔ تانیثیت کی وضاحت کرتے ہوئے منزہ احتشام گوندل کہا کہنا ہے کہ 'تانیثیت کا مطلب دنیا کو عورت کی آنکھ سے دیکھنا، عورت زندگی اوراس کے متعلقات کو کس نظر سے دیکھتی ہے، اس کے نزدیک خیر و شر کے پیمانے کون سے ہیں، وہ کائینات کا مفہوم کیا لیتی ہے، اس کے نزدیک کامیابی اور ناکامیاں کیا ہیں"۔ اس موضوع پر قیصر

جہاں نے "اردو میں نسائی ادب کا منظر نامہ" کے عنوان سے ایک کتاب تحریر کی، اسی طرح آن لائن ادبی جریدہ "دید بان" نے شمارہ پانچ میں تانیثیت اور نسائی ادب کا خاص نمبر شاءع کیا جس میں اس موضوع پر سیر حاصل مواد فراہم کیا گیا ہے۔

اکرم کنجاہی صاحب بنیادی طور پر تنقید و تحقیق کے آدمی ہیں، وہ اس سے قبل بھی اس موضوع پر لکھ چکے ہیں پیش نظر تحقیقی تصنیف میں انہوں نے نسائی ادب اور تانیثیت کو خوبصورتی کے ساتھ تحقیقی نقطہ نظر سے موضوع کو سمیٹنے کی کامیاب کاوش کی ہے۔ انہوں نے خواتین شاعرات اور فکشن نگاروں کی شخصیت پر روشنی ڈالی ساتھ ہی ان کی تصانیف کو بھی موضوع بنایا ہے۔ پہلا موضوع 'نسائی شاعری کا ارتقا' ہے۔ یہاں مصنف نے نسائی شاعری کے ارتقا کو تفصیل سے بیان کیا ہے۔ وہ لکھتے ہیں "پاکستان میں اردو زبان کی شاعرات کی تعداد بے شمار ہے۔ ۱۹۳۰ء کے عشرے سے لے کر آج تک جتنی ادبی تحاریک کا آغاز ہوا، یا جتنے ادبی و شعری رجحانات سامنے آئے خواتین اہل قلم نے اُن میں بھر پور حصہ لیا۔ لہٰذا اگر یہ کہا جائے کہ اُن کی تخلیقات میں بھی انسانی جذبات احساسات کی ترجمانی اور تجربات و مشاہدات کا بیان اُتنا ہی بھرپور اور توانا ہے جتنا مرد اہل قلم کی نگارشات میں تو غلط نہیں ہو گا"۔ اس تمہید کے بعد انہوں اردو کی معروف شاعرات جیسے اردو شاعری کی خاتون اول ادا جعفری کا ذکر تفصیل سے کیا ہے، زہرہ نگاہ معروف شاعرہ ہیں ان کی شاعری پر قلم اٹھایا ہے، پروین فنا سید، کشور ناہید، فہمیدہ ریاض کی شاعری کو اپنا موضوع بنایا ہے، پروین شاکر، شبنم شکیل، بسمل صابری، یاسمین حمید، شاہدہ حسن، شہناز مزمل، صبیحہ سبا، شاہدہ لطیف، حمیرا رحمان، فاطمہ حسن، حمیدہ شاہین، ریحانہ روحی، عشرت معین سیما، عنبرین حسیب عنبر اور زیڈ کنول کے فلسفہ شعر کا جائزہ لیا ہے۔

کتاب کا دوسرا حصہ "نسائی فکشن کا ارتقا" جس میں داستان، ناول اور افسانہ کی

اسلوبیاتی خصوصیات بیان کرتے ہوئے خواتین کے کردار اور نثر کی مختلف اصناف میں خواتین کی تصانیف سے بحث کی ہے۔ یہاں تقسیم سے پہلے کی ناول نگار خواتین کا ذکر ہے، ساتھ پاکستان میں مقبول ہونے والی افسانہ نگار، ناول نگار خواتین کے بارے میں بھی مواد فراہم کیا گیا ہے۔ ان خواتین میں اردو کی پہلی ناول نگار نذر سجاد حیدر، پہلی ترقی پسند خاتون ڈاکٹر رشید جہاں، اردو ادب کی پہلی فکشن نگار خاتون جنہوں نے تحریر آمیزی اور خوف ناکی سے اردو ادب کے قاری کو چونکایا حجاب امتیاز علی، رضیہ سجاد ظہیر، عصمت چغتائی، قرۃ العین حیدر، ممتاز شیریں، صالحہ عابد حسین، نثار عزیز بٹ، جمیلہ ہاشمی، سائرہ ہاشمی، خدیجہ مستور، ہاجرہ مسرور، رضیہ فضیح احمد، رشیدہ رضویہ، جیلانی بانو، واجدہ تبسم، بانو قدسیہ، الطاف فاطمہ، خالدہ حسین، فرخندہ لودھی، بشریٰ رحمن، عذرا اصغر، زاہدہ حنا، زیتون بانو، سیدہ حنا، فہمیدہ اختر، ام عمارہ، شمع خالد، طاہرہ اقبال، نسیم انجم، شاہدہ لطیف، نیلم احمد بشیر، شہناز شورو، شہناز پروین، سی میں کرن، بیگم شاہین زیدی، شبہ طراز، تنویر انور خان، منزہ احتشام گوندل، مسرت افزا روحی، تزئین راز زیدی، تسیم کوثر اور سائمہ نفیس شامل ہیں۔ کتاب کے آخری دو حصے نسائی شاعری کے حوالے سے مضامین و مقالات اور دوسرے حصہ نسائی فکشن کے حوالے سے مضامین و مقالات پر مشتمل ہے۔ مجموعی طور پر نسائی ادب اور تانیثیت کے موضوع پر ایک اعلیٰ اور تحقیقی تصنیف ہے۔ جن خواتین کا ذکر مصنف نے کیا ہے وہ مواد ان خواتین کا تحقیق کرنے والوں کے لیے مفید ثابت ہو گا، مستقبل کا محقق اس موضوع پر مفید، معلوماتی مواد حاصل کر سکے گا۔ اس کتاب کو تمام کتب خانوں کی زینت ہونا چاہیے۔

(۷) تانیثی تنقید

حیدر قریشی

ڈاکٹر شہناز نبی کی پہلی ادبی شناخت ایک شاعرہ کی ہے۔ زندگی کی خوبصورتیوں اور زندگی کی تلخیوں سے لبریز خوبصورت نظمیں اور غزلیں کہنے والی ایک شاعرہ کی حیثیت سے ان کی شناخت مستحکم ہو چکی ہے۔ تین شعری مجموعے شائع ہو چکے ہیں تو لگ بھگ اتنے ہی مزید چھپنے والے موجود ہیں۔یونیورسٹی میں پروفیسر ہونے کے باعث انہیں تحقیق میں بھی خاصی دلچسپی رہی ہے اور ان کی متعدد تحقیقی کاوشیں کتابی صورت میں سامنے آچکی ہیں۔ مثلاً لسانیات اور دکنی ادبیات، اردو ڈرامہ، آغا حشر اور صیدِ ہوس، فورٹ ولیم کالج اور حسنِ اختلاط، منشوراتِ بنگالہ، کلامِ نساخ وغیرہ۔ تنقید نگار کی حیثیت سے ان کا بنیادی حوالہ تو ترقی پسند ہونے کا ہے، لیکن ان کے ہاں ترقی پسند رویوں کے ساتھ تنقید کے نئے عالمی موضوع فیمنزم، تانیثیت کا گہرا اثر ملتا ہے۔

اسی اثر کا نتیجہ ہے کہ ان کے مضامین کے مجموعہ کا نام بھی "تانیثی تنقید" ہے۔۹ مضامین پر مشتمل یہ مجموعہ کلکتہ یونیورسٹی کی جانب سے شائع کیا گیا ہے۔پہلے ایک نظر ان ۹ مضامین کے عنوان دیکھ لیں۔"عورت اور لغات"، "اردو میں نسائی نظموں کے موضوعات"، "مرد ادیبوں کے فکشن میں عورت کا تصور اور کردار"، "اردو نظم کے فروغ میں خواتین کا حصہ"، "خواتین افسانہ نگاروں کی تخلیقی حسیت"، "اردو شاعرات کی نظموں میں لسان کا عمل"، "اکبر الہٰ آبادی اور تعلیمِ نسواں"، "سجاد ظہیر کا اشتراکی نظریہ

اور خواتین قلم کار" اور " فراق کا تصورِ عشق "۔

شعر و ادب کی دنیا میں لکھنے والی خواتین کی اہمیت سے کوئی انکار نہیں کر سکتا۔ لیکن ڈاکٹر شہناز نبی تو خواتین قلمکاروں کی اہمیت کے ساتھ، انسانی معاشرہ میں خواتین کی اہمیت اور قدروقیمت کو بھی پوری طرح اجاگر کر رہی ہیں۔ اس میں شک نہیں کہ انسانی معاشروں میں مرد کی بالا دستی صدیوں سے رائج ہے اور اس کے نسل در نسل اثرات ہم سب میں اتنے پختہ ہو چکے ہیں کہ ایک دم میں انہیں اپنے اندر سے نکال پھینکنا کسی کے لیے بھی ممکن نہیں ہے۔ تاہم اب لگ بھگ ایک صدی سے اور خصوصاً ربع صدی پہلے سے تدریجاً مرد اور عورت کے امتیاز کو کم کرنے کے لیے اور انہیں ایک جیسا انسان سمجھنے کے لیے مشرق و مغرب دونوں طرف کئی سطحوں پر کاوشیں ہو رہی ہیں۔ ڈاکٹر شہناز نبی کی کتاب "تانیثی تنقید" کو بھی اسی سلسلہ کی کڑی سمجھا جانا چاہیے۔ اپنے مضمون "مرد ادیبوں کے فکشن میں عورت کا تصور اور کردار" میں انہوں نے مرد کے سپر سیکس ہونے کی حیثیت کو چیلنج کیا ہے۔ تاہم انہیں یہ بھی احساس ہے کہ:

"ایسی دنیا جہاں مرد تو مرد خود عورت ہی اپنے آپ کو مردوں سے کمزور مانتی آرہی ہے۔ وہاں عورتوں کے کردار کچھ اس طرح کے ہوا کرتے تھے۔ سگھڑ اور وفادار بیوی، خدمت گزار نرس اور اطاعت شعار بیٹی۔" ("تانیثی تنقید" ص ۳۵)

شہناز نبی کی یہ بات دل کو لگتی ہے کہ: "مردوں کو سات خون بھی معاف تھے جبکہ عورتوں کی ایک لغزش بھی قابلِ گردن زدنی تھی" (تانیثی تنقید ص ۳۶)

اس مضمون میں ڈاکٹر شہناز نبی نے ڈپٹی نذیر احمد اور پریم چند سے لے کر ترقی پسند افسانہ نگاروں سے ہوتے ہوئے بلراج مین را تک جدید افسانہ نگاروں میں عورتوں کے کردار کی مختلف صورتوں کو بیان کیا ہے۔ ان کا خیال ہے کہ ان مرد افسانہ نگاروں کے ہاں

"عورت کا کردار یا تو سرے سے ہوتا ہی نہیں یا ہوتا ہے تو بہت ضمنی۔ ایسا شاید اس لیے ہے کہ پدری سماج عورت کے بدلتے ہوئے روپ کو آسانی سے ماننے کو تیار نہیں۔ نئے زمانے کی عورت رشتوں کے بغیر بھی جی سکتی ہے۔ اب عورت کی کامیاب زندگی کا مطلب ایک عدد شوہر نہیں۔" (تانیثی تنقید۔ ص ۴۴)

مرد افسانہ نگاروں کے ہاں عورت کے جو مختلف کردار سامنے آئے ہیں، ڈاکٹر شہناز نبی انہیں مردانہ سوچ ہی کا انداز سمجھتی ہیں۔ تاہم وقت بدلنے کے ساتھ اور خواتین میں بیداری کی نئی لہر کے ساتھ سوچ میں تبدیلی آ رہی ہے۔ اور ڈاکٹر شہناز نبی امید کرتی ہیں کہ: "ان تبدیلیوں کے درمیان عورت کا کردار بھی ایک نئی ڈیفی نیشن چاہتا ہے" (تانیثی تنقید۔ ص ۴۵)

نئی ڈیفی نیشن کے سلسلہ میں بعض اشارے تو ان کے ہاں مل جاتے ہیں لیکن پوری طرح نئی ڈیفی نیشن سامنے آ جاتی تو اس سے مکالمہ کی راہ نکل سکتی۔ یہاں مجھے ایک کشمیری کہانی یاد آ رہی ہے۔ (افسوس کہ کشمیری افسانہ نگار کا نام یاد نہیں آ رہا)۔ اسے میں اپنے ہی الفاظ میں بیان کر رہا ہوں۔ ایک خوبصورت رقاصہ ایک تیاگی سادھو کو چیلنج کر کے اس کے سامنے اسٹرپ ٹیز طرز کا رقص کرتی ہے۔ سادھو اس رقص کو آخری مرحلہ تک بڑی دلچسپی کے ساتھ دیکھتا ہے۔ جب رقاصہ اسے بتاتی ہے کہ رقص مکمل ہو گیا ہے تو سادھو کہتا ہے میں تو سمجھا تھا کہ اب تم اپنے جسم کا جامۂ عریانی بھی اتار کر دکھاؤ گی، سو رقص جاری رکھو۔

ڈاکٹر شہناز نبی نے جنسی تلذز کے آپشنز بڑھ جانے کا ذکر کیا ہے۔ اس سلسلہ میں گے، لزبئن، کلچر کا ذکر بھی کیا ہے۔ میر اخیال ہے کہ یہ کلچر ہمارے سارے معاشروں میں ہمیشہ سے رہا ہے، لیکن چپکے چپکے۔ اب تبدیلی یہ آئی ہے کہ لوگ کھل کر اس پر اظہار

خیال بھی کرنے لگے ہیں اور اپنی ترجیح کو بیان بھی کرنے لگے ہیں۔ جنسی تلذز کے مزید کئی آپشنز بھی ہیں۔ نامرد حضرات الیکٹرک ڈل ڈو کے ذریعے کام چلاسکتے ہیں اور عورتوں سے بیزار مرد حضرات پلاسٹک کی گڑیاؤں سے بھی کام چلاسکتے ہیں۔ یہ گڑیائیں کمزوری کی کسی صورت پر کوئی طعنہ بھی نہیں دیتیں۔ اسی طرح لزبن خواتین بھی الیکٹرک ڈل ڈو سے کام چلاتی رہتی ہیں۔ پھر" می ٹو می" کی صورت بھی ایک زمانہ سے چلی آرہی ہے۔ ہمارے ہاں میراجی نے کھل کر اس کا اظہار کیا تو آج تک معتوب ٹھہرا ہوا ہے۔

یہاں تک لکھتے ہوئے مجھے خیال آیا ہے کہ آدم کے وجود میں سے حوا کا بنایا جانا اور دونوں میں ایک کشش رکھ دینا۔ اگر اسے ایک زاویے سے دیکھا جائے تو کہیں یہ بھی می ٹو می کی ہی کوئی وسیع تر صورت تو نہیں ہے۔ ہم اپنے جسم کے کسی گم شدہ حصے کی جستجو میں لگے ہوئے ہیں۔ جنسی تلذز کی مختلف صورتوں کی یہ حکایت دراز ہوئی جا رہی ہے لیکن خوفِ فسادِ خلق کے باعث اسے یہیں روکتا ہوں۔

اس مضمون کے علاوہ ڈاکٹر شہناز نبی نے سجاد ظہیر، اکبر الہٰ آبادی اور فراق گورکھپوری کو عورت کے بارے میں ان کے رویوں کے حوالے سے پرکھا ہے۔ یہ تینوں مضامین ادبی دلچسپی کے حامل ہیں۔ سجاد ظہیر پر لکھتے ہوئے ڈاکٹر شہناز نبی کا خود ترقی پسند ہونا آڑے آیا ہے۔ سجاد ظہیر کی ترقی پسندی کا لحاظ کرتے ہوئے ہلکی گرفت کی گئی ہے۔ فراق گورکھپوری کے عشقیہ پس منظر کو انہوں نے اوپر مذکور سادھو والی نظر سے دیکھا ہے۔ جبکہ اکبر الہٰ آبادی کے معاملہ میں تو سادھو سے ایک قدم آگے بڑھ کر سچ مچ کھال اتارنے والا کام کر دیا ہے۔ بات تو سچ ہے مگر بہت بے رحم۔ انہوں نے پورے شواہد کے ساتھ اپنا موقف واضح کیا ہے۔ اکبر الہٰ آبادی ساری زندگی خواتین کی تعلیم، انگریزی تہذیب اور انگریز عورتوں کی تضحیک کرتے رہے لیکن خود ان کے بیٹے نے ایک انگریز

سے شادی کرلی۔ یہ گوشہ ڈاکٹر شہناز نبی کی نگاہوں سے او جھل ہو گیا۔ اس کے باوجود اکبر الہٰ آبادی کی طنزیہ شاعری میں نئے معاشرے کی نئی عورت کو نشانہ بنانے کا انہوں نے پوری طرح پوسٹ مارٹم کر کے رکھ دیا ہے۔

ان چار مضامین کے علاوہ چار دوسرے مضامین میں ڈاکٹر شہناز نبی نے نسائی نظموں کے موضوعات، نظم کے فروغ میں خواتین کا حصہ، خواتین افسانہ نگاروں کی تخلیقی حسیت اور شاعرات میں لسان کا عمل کے حوالے سے اپنے خیالات کا اظہار کیا ہے۔ ابتدائی زمانے کی ان خواتین قلم کاروں کا ذکر کیا ہے جو اپنا نام تک ظاہر نہیں کر سکتی تھیں۔ کوئی حروف ابجد کے اشارے سے ز۔خ۔ش۔(زاہدہ خاتون شیر وانیہ) بن کر لکھ رہی تھیں تو کوئی باپ یا بھائی کے نام سے۔ لیکن اب تو زمانہ بدل چکا ہے۔ ز۔خ۔ش کی تقلید تو مردوں نے کرلی۔ ن۔م۔راشد طرز کے ناموں کو اس انداز کی تقلید ہی کہا جا سکتا ہے۔ پہلے اگر خواتین باپ یا بھائی کے نام سے لکھتی تھیں تو خود میں نے اپنا پہلا افسانہ اپنی اہلیہ کے نام سے شائع کیا تھا۔ البتہ جب وہ پہلا افسانہ بے حد پسند کیا گیا تو پھر میری خود غرضی نے میرا نام ظاہر کر دیا۔ بہر حال ان چاروں مضامین میں ڈاکٹر شہناز نبی نے خواتین قلم کاروں کا ان کی موضوعات سے مطابقت اور تخلیقی صلاحیت کے مطابق ذکر کیا ہے۔ اچھا ذکر کیا ہے۔

مذکورہ بالا آٹھوں مضامین ڈاکٹر شہناز نبی کی تنقیدی بصیرت کا اظہار کرتے ہیں۔ لیکن اب میں ان کے سب سے پہلے مضمون کا ذکر سب سے آخر میں کرنے لگا ہوں کہ یہ مضمون ان کی تنقیدی بصیرت کا اظہار نہیں بلکہ ان کی تنقیدی بصیرت کا شاہکار ہے۔ "عورت اور لغات" پڑھ کر سچی بات ہے میں ہل کر رہ گیا تھا۔ یہ ٹھیک ہے کہ صدیوں سے انسانی معاشرہ میں عورت کو کم تر درجہ دیا گیا لیکن یہ بھی درست ہے کہ

عورت کو مرد کے برابر لانے کے لیے تدریجاً کام بھی ہوتا آرہا ہے۔ اور اب تو یہ کام بس تھوڑے سے فرق کے ساتھ رہ گیا ہے۔ مرد حضرات کھڑے ہو کر سہولت کے ساتھ پیشاب کر سکتے ہیں جبکہ خواتین ایسا نہیں کر سکتیں۔ سو مرد کی اتنی سی فضیلت تو ابھی باقی ہے۔ جب یہ بھی عملاً چیلنج ہو گئی تب دونوں کی حیثیت برابر ہو جائے گی۔ "عورت اور لغات" میں عورت کی جو حیثیت سامنے لائی جاتی رہی ہے، اس کے بیشتر حصے بہر حال افسوس ناک ہیں۔ یہاں اردو اور انگریزی لغات سے چند مثالیں عبرت کے طور پر پیش کر رہا ہوں۔

فرہنگِ آصفیہ: عورت۔ آدمی کے جسم کا وہ حصہ یا عضو جس کا کھولنا موجب شرم ہے۔ (مجازاً) زن، استری، ناری، جورو، بیوی، زوجہ۔ (ص۔ ۱۳۸۲)

لفظ زنانہ صفت کے اعتبار سے ان معنوں کا حامل ہے۔ نامرد، ڈھیلا، سست، زن صفت، بزدل۔ (ص ۱۰۸۰)

نور اللغات (جلد سوم): عورت۔ وہ چیز جس کے دیکھنے دکھانے سے شرم آئے۔ ناف سے ٹخنہ تک جسمِ انسان کا حصہ۔

زوجہ۔ بیوی، آدمی کے جسم کا وہ حصہ جس کا کھولنا موجبِ شرم ہے جیسے ستر عورت، یعنی شرم کے مقام کا چھپانا

ضرب الامثال: عورت کی ذات بے وفا ہوتی ہے۔ عورت سے وفا نہیں ہوتی۔ عورت کی عقل گدی کے پیچھے۔ عورت بے وقوف ہوتی ہے۔ عورت کی ناک نہ ہوتی تو گُو کھاتی۔ عورت ناقص العقل ہوتی ہے۔

(نور اللغات ص ۵۷۵)

فیروز اللغات: عورت اور گھوڑا ران تلے (ص۔ ۹۰۶)

لغاتِ کشوری: عورت۔ مرد و زن کی شرم گاہ۔ وہ چیز جسے دیکھنے اور دکھانے سے شرم آئے۔ عورت کو مجازاً اس لیے عورت کہتے ہیں کہ سر سے پاؤں تک اس کا تمام جسم عورت ہے۔ یعنی قابلِ پوشیدہ کرنے اور چھپانے کے۔ (ص ۵۰۶)

جامع انگلش اردو ڈکشنری (چیف ایڈیٹر کلیم الدین احمد):female کے معنی بچہ یا انڈہ دینے والی صنف۔ صفت کے طور پر اسے استعمال کرتے ہوئے اس سے کمزوری، کمتری، سادگی، حماقت اور گھٹیا پن مراد ہے۔ Feminity کے معنی صرف نسوانیت نہیں بلکہ زنخا پن ہے۔ Feminize کے معنی ہیجڑا بنانے کے ہیں۔ (ص ۵۶۵)

ڈاکٹر شہناز نبی نے اس قسم کے بہت سارے حوالہ جات یکجا کر کے شروع میں ہی اپنے کیس کو مضبوط بنالیا ہے۔ اس کے بعد آپ کتاب کو پڑھتے جائیں۔ وہ اپنے موقف کو عمدگی کے ساتھ پیش کرتی چلی جاتی ہیں۔ کتاب کے پیش لفظ میں ڈاکٹر شہناز نبی نے بجا طور پر لکھا ہے کہ:

"امید ہے میری یہ کتاب اردو ادب میں تانیثی تنقید کی روایت کو مضبوط کرنے کا کام کرے گی اور تانیثی روایت کی ایک اہم کڑی ثابت ہوگی" (تانیثی تنقید۔ ص ۱۲)

میں ان کی اس بات کی مکمل تائید کرتا ہوں۔ تاہم آخر میں ایک دو نکات مزید غور کے لیے پیش کرنا چاہوں گا۔

اعورت کا کردار جو نئی ڈیفی نیشن چاہتا ہے، اسے زیادہ واضح کر کے پیش کیا جانا چاہیے۔ کیا یہ مرد و زن کے برابر کے حقوق تک کا مطالبہ ہے یا اس سے بھی آگے کی کوئی بات ہے؟

۲۔ معاشرتی سطح پر خواتین کے برابر کے حقوق کے لیے کئی تحریکیں اور تنظیمیں اپنی اپنی جگہ موثر طور پر کام کر رہی ہیں۔ ادبی دنیا میں خواتین قلم کاروں کی اہمیت کو اجاگر

کرنے کے لیے اگر تانیثی حوالے سے کام ہوتا رہا تو یہ کام بذاتِ خود ادب کے مرکزی دھارے سے الگ زنانہ ڈبے کے مترادف ہو سکتا ہے۔ جب مرد و زن کی برابری کی بات ہے تو ادب کی مجموعی فضا کی بات کی جائے، اس میں ادبی طور پر، تخلیقی طور پر مرد قلم کار ہوں یا خواتین قلم کار سب کی ادبی کار کردگی کی بنیاد پر بات کی جائے۔ جب ایسا زیادہ احسن طور پر ہونے لگے گا تو لکھنے والوں کے لیے کسی الگ ڈبے کی ضرورت نہیں رہے گی۔ لیکن اگر صرف تانیثی ادب پر توجہ مرکوز کی گئی تو نیک نیتی کے باوجود خواتین قلم کاروں کا الگ ڈبہ خود بخود بن جائے گا۔ ہر چند ابھی تانیثی ادب کی طرف توجہ مبذول کرانے کے لیے ایسی کاوشوں کو سراہا جانا چاہیے لیکن آگے چل کر بہر حال الگ الگ ڈبے نہیں رہنے چاہئیں۔

(۸) تانیثی ادب کی شناخت اور تعیّنِ قدر

ابوالکلام قاسمی

نئے ادبی نظریہ سازوں نے ادب کے ان تمام سکّہ بند معیاروں پر سوالیہ نشانات قائم کیے ہیں جن کے سبب، بالادست فکری اور ادبی طبقات کو ماضی کے ادبی اظہار (Discourse) میں مرکزیت اور مثالی حیثیت حاصل رہی ہے۔ ادب کی روایت میں آفاقی اصولوں کا تصور ہو یا جاگیردارانہ مسلمات کی قطعیت، غالب سماجی اداروں کی اجارہ داری ہو یا پدرانہ نظام پر قائم سماجی تصورات اور جنسی تفریق کی بالادستی، اس نوع کے سارے معیارات گزشتہ برسوں میں شدت کے ساتھ زیر بحث آئے ہیں۔ ان مباحث کے ماحصل کے طور پر لسانی، ثقافتی اور جنسی اکائیوں کی طرف سے روایتی طور پر تسلیم شدہ اصول و معیار کی نفی پر اصرار بڑھ گیا ہے اور اپنی شناخت کا مسئلہ بنیادی اہمیت اختیار کر گیا ہے۔ بسا اوقات یہ اصرار تشخص کی تلاش کے حوالے سے مسلّمہ اقدار پر خطِ تنسیخ کھینچنے کی صورت میں سامنے آیا۔ تشخص کی تلاش و جستجو کی اس کوشش نے جنسی تفریق پر قائم معاشرے کے فکری اور ادبی اظہارات کی بحث کو ادبی مباحث کے مرکز میں لا کھڑا کیا ہے۔ اس طرح تانیثیت کا مسئلہ نظری اعتبار سے ایک اہم مابعد جدید مسئلہ بھی بن گیا ہے۔ ورجینیا وولف سے لے کر سیمون دی بوائر تک کے درمیانی وقفے میں ادبی درجہ بندی کے جو مباحث سامنے تھے ان کی حیثیت کہیں طبقاتی اور کہیں نفسیاتی درجہ بندی کی تھی۔ مگر ان دونوں دانش ور خواتین کی تحریروں نے معاصر تانیثی تصورات کی

تشکیل جدید کے لیے نئی بنیادیں فراہم کیں۔ یہی سبب ہے کہ مسئلہ، نسائی شناخت کا ہو، تانیثی نظریے کا یا تانیثی تنقید کا ان کی تحریروں سے کسبِ فیض کرنے کی کوشش تقریباً ہر نئی کتاب اور تحریر میں دکھائی دیتی ہے۔

اس میں کوئی شک نہیں کہ اُردو کے حوالے سے تانیثی ادب کی شناخت کے مسائل من و عن وہ نہیں ہو سکتے جن سے مغرب کے تانیثیت پسند مصنّفین دوچار ہیں۔ اس لیے کہ ان کی گفتگو کی اساس نمایاں طور پر مغربی زبانوں کے فکشن اور شاعری کے نمونوں پر قائم ہے۔ تاہم کچھ موازنے کی سہولت کی خاطر اور بڑی حد تک نظریاتی بنیادوں کے تعیّن اور تفہیم کی غرض سے مغربی تانیثیت کی مبادیات سے رجوع کرنا موضوع گفتگو کے تقاضوں کے عین مطابق ہو گا۔

اس تفصیل میں جانا سر دست غیر ضروری ہے کہ ورجینیا وولف کی کتاب " A Room of ones own" اور سیمون دی بوائر کی کتاب "The Second sex" نے کیوں کر تانیثی نقطۂ نظر کی ضرورت کا احساس دلایا اور اس بات کی اہمیت واضح کی، مغرب میں ادبی تخلیق اور تنقید کس طرح صدیوں سے رائج پدری نظام کی بنیاد پر قائم تہذیب کی عکّاسی کرتی ہے۔ اس پس منظر میں اُردو کے حوالے سے بھی اس وقت تک تانیثیت پسند نقطۂ نظر کو سمجھنا مشکل ہو گا، جب تک ہم پدری نظام میں مرد کی مرکزیت اور عورت کو غیر سمجھنے کے رویّے کو نشان زد نہ کر لیں اور یہ اندازہ نہ لگا لیں کہ جنسی ثنویت کی نشان دہی جن تحریروں کے وسیلے سے کی جا سکتی ہے ان کو مغرب میں کس تجزیاتی طریقِ کار کے ذریعے زیرِ بحث لایا گیا ہے۔ ڈیل اسپنڈر اور ٹورل موئی نے تانیثی ادبی نظریات کو جس طرح مرتّب کیا ہے اس کی رو سے مغرب، مرد کی مرکزیت کے تصور کا ایسا عادی ہے کہ اس میں عورت اپنے آپ محکوم یا غیر بن کر رہ جاتی ہے۔ چنانچہ بیش تر ادبی تحریروں میں

اس تفریق کا عکس اس طرح منتقل ہوا ہے کہ مرد کرداروں کے مقابلے میں عورت کا کردار نصف بہتر کے بجائے نصف کہتر کے نمونے پیش کرتا ہے۔ اس صورتِ حال میں مردانہ رویّوں کی بالادستی کے سبب مرد ادیبوں کی تحریریں صرف مردوں کے لیے لکھی ہوئی معلوم ہوتی ہیں۔ اس لیے اس رویّے کی مزاحمت کی خاطر ایک ایسے زاویۂ نظر کی شدید ضرورت محسوس کی گئی جو جنسی عدم توازن اور افراط و تفریط کو نشان زد کر سکے اور قدیم و جدید ادب کی قرأت ثانی یا قرأت مختلف پر اصرار کر سکے۔ اس طرزِ مطالعہ کو مزاحمتی قرأت کا بھی نام دیا گیا ہے۔ اس تبدیل شدہ طرزِ مطالعہ نے واضح کیا کہ ہم نے اب تک مرد کے ساتھ متحرک، بہادر اور تعقّل پسند جیسے اوصاف اور عورت کے ساتھ مجہول، کمزور اور جذباتی جیسی منفی صفات وابستہ کر رکھی ہیں —اس طریق تنقید نے تانیثی زبان کے مسئلے کو از سرِ نو بحث کا موضوع بنایا ہے اور جملوں کی ساخت، ڈسکورس کی مختلف اقسام اور تانیثی زبان اور اسلوب کے عناصر کی تلاش کو گزشتہ برسوں میں ایک طاقت ور رجحان کی صورت میں تبدیل کر دیا ہے —رولاں بارتھ کی معنیات اور دریدا کی لاتشکیل کی مدد سے تانیثیت پسند مصنّفین کے ایک حلقے نے لسانیاتی مطالعہ کی نوعیت تبدیل کر دی ہے۔ ان نظریہ سازوں کا بنیادی مسئلہ ایسی نسائی زبان کی اختراع ہے جو پدری بنیاد پر قائم نظام کی توثیق نہ کرے۔

تاہم یہ بات وضاحت کی محتاج ہے کہ تانیثیت ادبی قدر کا نعم البدل کیسے بن سکتی ہے؟ ادب کے قاری کے لیے تانیثی رجحان یا طریق تنقید سے تانیثیت کی شناخت تو بڑی حد تک قائم ہو جاتی ہے، مگر ادب کو ادب کی حیثیت سے پڑھنے اور اس کی پرکھ کی معیار بندی کرنے کا مسئلہ ہنوز اپنی جگہ برقرار رہتا ہے۔ اس لیے کہ دوسری طرح کی موضوعاتی شناخت کی طرح تانیثی نقطۂ نظر کو بھی بجائے خود فنّی معیار کا نام تو نہیں دیا جا سکتا، البتّہ

اس طرز مطالعہ سے موضوعاتی اور تہذیبی توازن کا نظام ضرور قائم کیا جاسکتا ہے۔ جہاں تک ادبی قدر کی معیار بندی کا سوال ہے تو اس کا تعیّن بہر حال شعریات کے عمومی اصول وضوابط ہی کریں گے۔

تانیثی نظریے کے اس پس منظر کو یوں تو مغرب اور مشرق کی کسی بھی زبان کے ادب کے مطالعہ کی بنیاد بنایا جاسکتا ہے۔ ویسے اگر اُردو کے خصوصی حوالے سے تانیثی ادب کی شناخت قائم کرنے کی کوشش کی جائے تو مغرب کی زبانوں کے مقابلے میں اُردو کا معاملہ زیادہ افراط و تفریط کا شکار دکھائی دیتا ہے۔ ہمارے معاشرتی نظام کے زیرِ اثر ادب میں بھی پدری نظام کی بالادستی شعوری سے کہیں زیادہ تحت الشعوری گہرائیوں میں پیوست ہے کہ خود عورتیں بھی عموماً جنسی تفریق پر قائم اپنے ادبی سرمایے پر قانع ہیں، اور ان کے رویّے اپنی محکومیت کے رجحان کو تقویت دینے میں کچھ کم معاون نہیں۔ اس بات میں کوئی مضائقہ نہیں کہ خواتین اپنے نسائی رویّوں سے بلند ہو کر فلسفیانہ یا دانش ورانہ سطح پر ان ہی ذہنی اور فکری مسائل اور واردات کو اپنے ادب کا موضوع بنائیں جن سے مرد وزن یکساں طور پر دوچار ہیں۔ مگر جس سماج میں طبقاتی کش مکش، زیر دستوں کی حمایت اور معاشرے کی پس ماندہ اکائیوں کے مسائل کا احساس، ادب کے اہم موضوعات بن سکتے ہیں وہاں جنسی تفریق کے مسئلے کو نشان زد کرنے سے چشم پوشی مقام حیرت ہی نہیں مقام غیرت بھی معلوم ہوتی ہے۔

مطالعہ کی سہولت اور ارتکاز کی خاطر اگر شاعری کے حوالے سے اُردو میں تانیثی رجحان کو سمجھنے کی کوشش کی جائے تو اندازہ ہوتا ہے کہ گزشتہ کئی صدیاں اُردو میں نسائی اظہار کے وجود سے ہی بڑی حد تک عاری ہیں۔ ظاہر ہے کہ جس معاشرے میں عرصے تک خواتین علمی وادبی سرگرمیوں کا حصّہ ہی بن پائی ہوں اس میں نسائی مسائل اور تانیثی

نقطۂ نظر کی تلاش زیادہ سود مند ثابت نہیں ہو سکتی۔ لیکن گزشتہ چند دہائیوں میں خاتون ادیبوں اور شاعروں کی معتد بہ تحریریں کچھ اس تنوع کے ساتھ سامنے آئی ہیں کہ ہم ان کی بنیاد پر نسائی رویّوں کی نوعیت کا تعیّن ضرور کر سکتے ہیں۔ جہاں تک مرد ادیبوں کی تحریروں میں عورت کی امیج کا سوال ہے تو اس سلسلے میں طبقاتی سماج کی ناہمواریوں کی نشان دہی کے دعوے دار شاعروں تک کے یہاں طبقہ اُناث سے ناانصافی کی مثالیں کثرت سے ملتی ہیں۔ اس ضمن میں باقر مہدی کی یہ رائے عبرت ناک صورت حال کو نمایاں کرتی ہے کہ:

"خود ترقّی پسند اور جدید ادیبوں اور شاعروں کی تحریریں عورت کی جذباتی اور معاشرتی کش مکش کو مسخ کر کے پیش کرتی رہی ہیں۔ خواہ وہ راشد کی نظم میں ہم رقص ہو یا مجاز کی 'آنچل کو پرچم بنانے والی باغی لڑکی' ہو، عورت کے جسم و ذہن کی اتنی ہی اہمیت ہو جتنی مرد کی، کہیں نظر نہیں آتی، اور غزل کی حکمرانی نے عورتوں پر تغزل کے دروازے اس طرح بند کیے تھے کہ وہ جانِ غزل تو بن سکتی تھی مگر خود غزل گو نہیں بن سکتی تھی۔"

اُردو شاعری کے معاصر منظرنامے میں جن شاعرات کی کاوشوں کو سنجیدہ مطالعہ کا موضوع بنایا جاسکتا ہے، ان کی اکثریت بھی جنسی بنیاد پر قائم تفریق کے مسائل کو بالعموم قابلِ اعتنا بھی نہیں سمجھتی۔ بعض شاعرات، نسائی جذبات و احساسات کی پیش کش یا کسی حد تک اعترافی شاعری کی حدوں کو چھوتی ہوئی نظر آتی ہیں اور معدودے چند ایسی ہیں جن کی نظموں میں اپنی صورت حال سے بے اطمینانی، قدرے انحراف اور مساوی حقوق کی طلب کا واضح رجحان ملتا ہے۔ مثال کے طور پر شفیق فاطمہ شعریٰ دانشورانہ موضوعات، مذہبی اور روحانی محرکات سے دلچسپی اور گہری بصیرت کے سبب، ایک ایسی شاعرہ کا تاثر قائم کرتی ہیں جس کے لیے جنسی بنیاد پر قائم معاشرہ کوئی قابلِ توجہ مسئلہ نہیں محسوس

ہوتا۔ تاہم شغریٰ نے اپنی بعض نظموں میں نسائی امیج کو مذہبی حوالوں کے ساتھ نمایاں کرنے کی طرف توجہ دی ہے۔ اس نوع کی نظموں میںان کی ایک قدرے طویل نظم "اے تماشاگاہ عالم روئے تو" کا ایک ذیلی عنوان 'دعائے بانوئے فرعون' ہے۔ انھوں نے اس حصّے سے متعلق حاشیے میں 'بانوئے فرعون' کی تلمیح کے مضمرات بیان کرتے ہوئے اپنے معاشرے میں عورت کی حیثیت پر بھی گفتگو کی ہے۔ نظم کے متعلقہ مصرعے کچھ اس طرح ہیں:

"اب تو میرا گھر وہی گھر / جس کا تو بانی بنے / اب تو تیرے ہی جوارِ قرب کے باغات میں / یارب بسیرا ہو مرا / ــــ رستگاری دے مجھے فرعون سے ارتقاعِ بیت کے اُس دور کا آغاز ہو / جس میں اسوہ / بانوئے فرعون کا اسوہ وہ پہلا سنگ میل / جس پہ اتری تابشِ اُمّ الکتاب۔"

شفیق فاطمہ شغریٰ "بانوئے فرعون" کے کردار کی وضاحت میں اس کی معنویت یوں نمایاں کرتی ہیں:

"بانوئے فرعون کا کارنامہ یہ ہے کہ ان کی دعا کے الفاظ سے یہ عقیدہ ختم ہو جاتا ہے کہ سربراہ خاندان، خاص طور سے شوہر سے غیر مشروط ہم آہنگی کا نام 'وفا' ہے، اور عورت ایک ایسی مخلوق ہے جو اس وفا کی بنا پر باشرف ہے۔ فرعونی جلال و جبروت کو ٹھکراتے ہوئے صرف عائلی نظام ہی سے نہیں، بلکہ ناکسوں کے اہتمام خشک و تر سے بھی غیر مشروط ہم آہنگی کے وفادارانہ عقیدہ کو وہ مسترد کرتی ہیں جس کو آج سے ہزاروں برس پہلے مسترد کرنا، جان کا زیاں تھا۔"

اس حاشیے میں وہ سماجی نابرابری کی تحریکات کے ساتھ جنسی نابرابری کی عالمی تحریک کا بھی ذکر کرتی ہیں اور اسے آزادیٔ اظہار کی بوکھلاہٹ کا نام دیتی ہیں اور ان الفاظ

میں اپنے موقف کی مزید وضاحت بھی کر دیتی ہیں:

"یہ ضروری نہیں کہ ان خیالات کی بناء پر، میں اُناثی تحریک کی گردِ کارواں سمجھی جاؤں، سچ بات تو یہ ہے کہ اس تحریک کے رطب و یابس کا بوجھ اُٹھانا میرے بس کا روگ نہیں۔"

شاید یہ کہنے کی ضرورت نہیں کہ اپنی نظم کے بین السطور میں ایک نسائی امیج کو مثالی اور انحرافی قرار دینے کے باوجود، شغریٰ آزادیٔ اظہار کی ان سرحدوں کو چھونا نہیں چاہتیں جہاں مذہبی قدغن سے سابقہ پڑنے کا اندیشہ ہو۔

کم و بیش یہی صورت حال شاعرات کی غزل گوئی کی ہے۔ غزل گو شاعرات کا عام رویّہ تانیثی نقطۂ نظر کے اظہار کے برخلاف غزل کے مروجّہ موضوعات سے دلچسپی اور جنسی تفریق پر قائم ثنویت سے صرف نظر کرنے کی صورت میں سامنے آیا ہے۔ البتّہ بعض شاعرات نے اپنے عشقیہ جذبات کو خواب ناک محبوبیت کے ساتھ یا خودسپردگی کی شکل میں پیش کرنے کی کوشش ضرور کی ہے۔ کشور ناہید اور فہمیدہ ریاض کی غزلوں کے تسلسل کے طور پر پروین شاکر، رفیعہ شبنم عابدی اور عشرت آفریں کے اشعار میں حسّی اور جذباتی نسائیت کے عناصر ملتے ہیں۔ مگر چوں کہ ان حسّی اور جذباتی مسائل کو کبھی نابلوغت سے وابستہ جذبات کا نام دیا گیا اور کبھی ان پر ناپختہ کار تجربے کا الزام عائد کیا گیا، اس لیے تنقیدی دہشت گردی کی ہیبت نے اس رجحان کو بھی زیادہ پنپنے کا موقع نہیں دیا۔ حالاں کہ حقیقت یہ ہے کہ ہر عمر کا سچّا تجربہ، سچّے اظہار سے ہم آہنگ ہو سکتا ہے اور اپنے مخصوص تناظر میں جینون تخلیقی رویّے کی حیثیت سے پہچانا جا سکتا ہے۔ اس لیے صرف نمونے کے طور پر یہ چند اشعار ملاحظہ کیے جا سکتے ہیں جو فکری دبازت کی نفی ہی نہیں کرتے بلکہ خواب ناک نسائی احساس اور جذبے کی صداقت کی نمائندگی بھی کرتے ہیں:

دل میں ہے ملاقات کی خواہش کی دبی آگ
مہندی لگے ہاتھوں کو چھپا کر کہاں رکھوں

کشور ناہید

کچھ یوں ہی زرد، زرد سی ناہید آج تھی
کچھ اوڑھنی کا رنگ بھی کھلتا ہوا نہ تھا

کشور ناہید

اب ایک عمر سے دُکھ بھی کوئی نہیں دیتا
وہ لوگ کیا تھے جو آٹھوں پہر رُلاتے تھے

کشور ناہید

ہر لمس ہے جب تپش سے عاری
کس آنچ سے میں پگھل رہی ہوں

فہمیدہ ریاض

وہ خواہشِ بوسہ بھی نہیں اب
حیرت سے ہونٹ کاٹتی ہوں

فہمیدہ ریاض

میں سچ کہوں گی مگر پھر بھی ہار جاؤں گی
وہ جھوٹ بولے گا اور لاجواب کر دے گا

پروین شاکر

بارش سنگ ملامت میں وہ میرے ساتھ ہے
میں بھی بھیگوں، وہ بھی پاگل بھیگتا ہے ساتھ ساتھ

پروین شاکر

ان اشعار میں سے بیش تر کو اعترافی شاعری کا نام دینا زیادہ مناسب ہوگا۔ تانیثی نظریۂ ادب کے نقطۂ نظر سے اس رویّے کی اہمیت اس لیے بھی قابلِ توجہ بن جاتی ہے کہ احتجاج اور انحراف کی منزلوں تک پہنچنے والوں کے لیے ان مرحلوں سے گزرنا بڑی حد تک ناگزیر ہوتا ہے۔

غزل کے مقابلے میں شاعرات کی نظموں کو نسائی رویّوں کی تفہیم کا زیادہ بہتر وسیلہ بنایا جاسکتا ہے۔ واضح رہے کہ غزل ہی کی طرح نظموں میں بھی اگر ہم ان رویّوں کو ارتقائی صورت میں دیکھنا چاہیں تو پتہ چلے گا کہ عورت کی حیثیت سے اپنے وجود کا احساس، نسائی جذبات کا اظہار یا اعتراف اور جنسی ثنویت پر قائم معاشرے سے انحراف جیسے مراحل اُردو میں تانیثی رویّے کے مختلف مدارج ہوسکتے ہیں۔ جہاں تک نسائی منصب کے احساس کا سوال ہے تو ہمیں بعض ایسی نظمیں ملتی ہیں جو تخلیق کے تجربے کے مختلف مراحل کو کچھ اس انداز سے موضوعِ گفتگو بناتی ہیں کہ ان میں تخلیق کے مطلق عمل کے ساتھ تنقیدی اصطلاح میں 'تخلیقی عمل' کے اسرار بھی کھلتے ہوئے نظر آتے ہیں۔ اس نوع کی ایک نظم کا حوالہ شاید یہاں خارج از بحث نہ ہو:

"وہ حرف، جو فضائے نیلگوں کی وسعتوں میں قید تھا / وہ صوت، جو حصار خامشی میں جلوہ ریز تھی / صدا، جو کوہسار کی بلندیوں پہ محوِ خواب تھی / روائے برف سے ڈھکی / وہ حرف جو ہوا کے نیلے آنچلوں سے چھن کے / جذب ہو رہا تھا ریگ زارِ وقت میں / وہ ذرّہ ذرّہ منتشر تھا / دھندلی دھندلی ساعتوں کی گرد میں / وہ معنی گریز پا، لرز رہا تھا جو رگِ حیات میں / وہ رمزِ منتظر کہ جو ابھی نہاں تھا بطن کائنات میں / بس ایک جست میں حصار خامشی کو توڑ کر / پگھل کے میرے درد و آرزو کی آنچ میں / وہ میرے بطن کی صباحتوں

میں ڈھل گیا / وہ آبشار نغمہ ونوا، کہ کوہسار سرد سے گرا / کہ گونجتی گپھاؤں سے ابل پڑا / وہ جوئے ذات، نغمۂ حیات، جو رواں دواں ہے بحرِ بے کراں کی کھوج میں۔ (زاہدہ زیدی)

تخلیقی عمل کے مختلف مراحل کی گرفت اور شعوری اور لاشعوری محرکات کی دریافت خود شاعر کے لیے ایک مشکل عمل رہی ہے۔ اس نظم میں زاہدہ زیدی نے تخلیقی عمل کو صرف شاعر کی حیثیت سے نہیں بلکہ ایک خاتون شاعر کی حیثیت سے جس طرح موضوعِ گفتگو بنایا ہے، وہ وسیلۂ تخلیق کی حیثیت سے نسائی سرشت کا عمدہ اظہار بھی ہے اور داخلی سرگزشت کا اعتراف بھی۔ اسی موضوع کی دوسری جہت ہمیں ایک مکمل اعترافی نظم میں ملتی ہے، جس میں جنس کو ایک تخلیقی تجربہ بنایا گیا ہے:

یہ کون سا مقام ہے / کہ چاروں سمت منتشر ہیں / ریزہ ریزہ آبگینہ ہائے شوق / یہیں تو حسرتوں کے بیج بو کے / فصلِ درد اُگائی تھی / یہیں تو آرزو، نقیب وقت بن کے آئی تھی / وہ کوہِ درد سینۂ حیات پر / وہ بوجھ بھی سبک سبک / وہ جرعہ ہائے آتشیں / لہو میں جذب آگ سی / یہ کائنات ٹوٹ کر بکھر گئی / کہ چور چور ہیں نشاطِ جاں کے آئینے / کہ ریگ ریگ نشۂ بدن ہے / ذرّہ ذرّہ جستجو کی راکھ ہے / فضائے ذہن بے اذاں / تصوّرات رائیگاں / تلاش ذات جوئے خوں / یہ کوہِ جرم حادثات / یہ قطرہ ہائے انفعال / بر جبین کائنات / چیخ رہی ہیں ہڈیاں وجود کی۔ (فشار: ساجدہ زیدی)

ساجدہ زیدی نے نظم کے ان مصرعوں میں جس طرح بالواسطہ انداز میں نسائی تجربے کو اعترافی شاعری میں تبدیل کر دیا ہے وہ فنّی نقطۂ نظر سے بھی استعارہ سازی کی عمدہ مثال ہے۔ اس نظم کی امیجری میں تانیثی رویّوں کو خیال اور فکر کے بجائے حواس کے حوالے سے شعری پیکروں میں تبدیل کیا گیا ہے۔ یہ انداز ایک خاتون شاعر کی حیثیت سے بھی ان کی شناخت متعیّن کرتا ہے اور فنّی تدبیر کاری کی بھی قابلِ توجہ مثال پیش

کرتا ہے۔

تاہم ساجدہ زیدی اور زاہدہ زیدی کی اس نوع کی گنتی کی چند نظمیں ان کی شاعری کے عام رجحان کی نمائندگی نہیں کرتیں۔ ان کی شاعری کا عمومی رجحان، فکری اور دانش ورانہ سطح پر ایسی عام شعری فضا کی عکاّسی کرتا ہے جس میں مرد وزن، دونوں طرح کے شاعر، یکساں طور پر شریک ہیں۔ ان شاعرات کے برخلاف فہمیدہ ریاض کی شاعری کا غالب رویہّ نسائی احساس کی ترجیح پر قائم ہے۔ پدری نظام پر قائم سماج کی ناہمواریوں کی نشان دہی ان کی نظموں کا طاقت ور رجحان ہے۔ انھوں نے ماں بننے کے تجربے کو جس فن کاری اور حسیّ ارتعاشات کے ساتھ اپنی ایک ابتدائی نظم "لاؤ، ہاتھ اپنا لاؤ ذرا" میں پیش کیا تھا، وہی دراصل ان کی شاعری کی مخصوص شناخت بن گیا۔ تانیثی رویےّ کے بعض اور پہلو، جن میں اپنے سماج میں ثنویت کا احساس مرکزی حیثیت رکھتا ہے، بعد کی، ان کی بیش تر نظموں کا پس منظر ہے۔ اس ضمن میں ان کی متعدد نظموں میں سے محض ایک مختصر نظم کو ملاحظہ کیا جاسکتا ہے، جس میں ثنویت کا یہ احساس نمایاں طور پر موجود ہے:

مگر آہ اس میں نئی بات کیا ہے / وہ عورت ہے ہم جنس سب عورتوں کی / سدا جس پہ چابک برستے رہے ہیں / وہ ہر دور میں سر بریدہ مسانوں میں لائی گئی ہے / کبھی بھینٹ بن کر / پتی کی چتا پر چڑھائی گئی ہے / کبھی ساحرہ کا لقب دے کر زندہ جلائی گئی ہے / یہ عورت کا تن ہے / قبیلوں کی نسلیں

بڑھانے کا آلہ ہے / ان کی حمیت کی بس اک علامت / جو چاہو تو تم اس علامت کو روندو / اسے مسخ کر دو / اسے دفن کر دو۔ (فہمیدہ ریاض)

اس نظم کی بلند آہنگی اور اس کا براہِ راست انداز، فنّی نقطۂ نظر سے البتّہ معرض بحث میں آسکتے ہیں، مگر فکری اور ادبی موقف کے اعتبار سے فہمیدہ ریاض کی اس نوع کی

نظموں سے ان کی تانیثی شناخت ضرور متعیّن ہوتی ہے—

فہمیدہ ریاض کے مقابلے میں کشور ناہید نے اوّل و آخر ایک تانیثیت پسند ادیب اور شاعرہ کی حیثیت سے معاصر شاعرات میں فکری، فنّی اور عملی طور پر اپنی شناخت قائم کی ہے۔ ان کی تحریریں، خواہ نثر کی صورت میں ہوں یا شاعری کی شکل میں، تانیثی تحریک کو اس کے سارے لوازم کے ساتھ برتنے کی کوشش کرتی ہیں۔ انھوں نے طبقاتی طریق کے ترقّی پسند نقطۂ نظر سے اپنے ادبی سفر کا آغاز کیا تھا، مگر وقت کے ساتھ ساتھ جنسی تفریق کے مسئلے کو نمایاں کرنے کو اپنی تحریروں کا محور بنالیا—ان کے مضامین کا مجموعہ "عورت ،خاک اور خواب کے درمیاں "تانیثی نظریے کو ریسرچ، تجزیہ اور فنّی اظہار سے متعلق مسائل کو منضبط اور مدلل انداز میں پیش کرنے کی اُردو میں ایک اہم کوشش ہے۔ انھوں نے سیمون دی بوائر کی کتاب کا ترجمہ تلخیص کے ساتھ پیش کر کے 'عورت' کے نام سے شائع کیا ہے ، اور اپنی توضیحات کے ذریعہ اُردو دنیا سے تانیثی نظریے کو متعارف کرانے کی علمی بنیادیں فراہم کی ہیں۔ لیکن ایک تانیثیت پسند فن کار کے طور پر ہمارے لیے اگر ان کی کوئی تحریر قابلِ مطالعہ ہوسکتی ہے تو وہ ان کی نظمیں ہیں۔ اپنی نظموں میں، ان کی بلند آہنگی نظریاتی وابستگی کی شدت کو ظاہر کرتی ہے۔ انھوں نے اپنے تانیثی نقطۂ نظر کے اظہار کے لیے بالعموم دو طرح کے اسالیب کا انتخاب کیا ہے۔ ایک تو ان کی نثری نظمیں ہیں جن میں وہ اپنی نظریاتی وابستگی کو چھپا نہیں پاتیں اور دوسرے ان کی آزاد نظمیں، جن کی لفظیات، علائم اور فنّی لوازم کا اہتمام اس بات کا وافر ثبوت فراہم کرنے کا وسیلہ ہیں کہ انھوں نے خود کو محض ایک تانیثیت پسند مفکّر کے طور پر ہی متعارف نہیں کرایا بلکہ قابلِ توجہ شاعرہ کی حیثیت سے بھی اپنی اہمیت تسلیم کرائی ہے۔ نیلام گھر، جاروب کش، میں کون ہوں اور انٹی کلاک وائز، جیسی نظمیں ان کے تانیثی رویّوں کی

بھرپور نمائندگی کرتی ہیں۔ "انٹی کلاک وائز" میں انھوں نے طبقہ اناث کے لیے درپیش صورت حال کو نسبتاً زیادہ صراحت کے ساتھ پیش کیا ہے:

میرے ہونٹ تمہاری مجازیت کے گن / گا گا کر خشک ہو بھی جائیں تو بھی تمہیں یہ خوف نہیں چھوڑے گا / کہ بول تو نہیں سکتی، مگر چل تو سکتی ہوں / میرے پیروں میں زوجیت اور شرم و حیا کی بیڑیاں ڈال کر / مجھے مفلوج کر کے بھی / تمہیں یہ خوف نہیں چھوڑے گا کہ میں چل تو نہیں سکتی / مگر سوچ سکتی ہوں / آزاد رہنے، زندہ رہنے اور مرے سوچنے کا خوف / تمہیں کن کن بلاؤں میں گرفتار رکھے گا۔ (کشور ناہید)

اس نظم کے مقابلے میں آزاد نظم کی ہیئت میں ان کی متعدد نظمیں فنّی لوازم کو زیادہ بہتر طریقے پر اپناتی ہیں اور صحیح معنوں میں اسی نوع کی نظمیں نسائی جمالیات کے ضمن میں ان کی کاوشوں کا منفرد ثبوت پیش کرتی ہیں۔ نمونے کے طور پر یہاں ایک نظم کے چند مصرعے ملاحظہ کیے جاسکتے ہیں:

مجھے سزا دو کہ میں نے اپنے لہو سے تعبیر خواب لکھی / جنوں بریدہ کتاب لکھی / مجھے سزا دو کہ میں نے تقدیسِ خواب فردمیں جاں گزاری / بہ لطفِ شب زادگاں گزاری / مجھے سزا دو / کہ میں نے دوشیزگی کو سودائے شب سے رہائی دی ہے / مجھے سزا دو / کہ میں جیوں تو تمہاری دستار گر نہ جائے / مجھے سزا دو / کہ میں تو ہر سانس میں نئی زندگی کی خوگر / حیات بعد ممات بھی زندہ تر رہوں گی / مجھے سزا دو / کہ پھر تمہاری سزا کی میعاد ختم ہوگی۔

ہمارے معاشرے میں عورت کو "نصف بہتر" قرار دینے کا مشفقانہ اور ترحم آمیز رویہّ اس وقت بے نقاب ہوتا نظر آتا ہے جب کشور ناہید جیسی کوئی شاعرہ اس رویّے کے مضمرات پر اپنے شدید ردّ عمل کا ایسا اظہار کرتی ہیں جس میں فکری بغاوت کے ساتھ اس

نظم کی طرح شعریت کا بھی اہتمام کیا گیا ہو۔

اس میں کوئی شک نہیں کہ تانیثی تحریک کے تناظر میں کشور ناہید اور فہمیدہ ریاض کو اُردو شاعرات کے مابین نمائندہ ترین ترجمان شاعرات کی حیثیت دی جاسکتی ہے۔ لیکن ایسا بھی نہیں ہے کہ ان کے بعد کی نسل میں اس رجحان پر مبنی شاعری کی کوئی توسیع نہیں ہوئی۔ بعض نسبتاً نووارد شاعرات کی نظموں میں اس رویّے کی گونج اس طرح سنائی دیتی ہے، گویا وہ ابھی اپنی شناخت اور آواز کی دریافت میں مصروف ہیں۔ ایسی شاعرات میں نمونے کے طور پر شہناز نبی اور عذرا پروین کے نام لیے جاسکتے ہیں۔ شہناز نبی کی نظم 'بھیڑیں' میں طنزیہ طریقِ کار اور علامتی معنویت کے سبب تانیثی اظہار کے قدرے مختلف اسلوب کو اپنانے کی کوشش ملتی ہے:

اک چراگاہ / سو چراگاہیں / کون ان ریوڑوں سے گھبرائے / پڑ گئیں کم زمینیں اپنی تو / کچھ سفر، کچھ حضر کا شغل رہے / کچھ نئی بستیوں سے ربط بڑھے / ان کو آزاد کون کرتا ہے / یہ بہت مطمئن ہیں تھوڑے میں / اک ذرا سا گھما پھرا لاؤ / کچھ اِدھر، کچھ اُدھر چرا لاؤ / بھیڑیں معصوم بے ضرر سی ہیں / جس طرف ہانک دو چلی جائیں۔ (شہناز نبی)

ردّ عمل اور طنز کی شدّت پر مبنی اس نظم سے قدرے بدلے ہوئے اسلوب، سے اس وقت ہمارا واسطہ پڑتا ہے، جب ہم عذرا پروین کی نظمیں پڑھتے ہیں۔ ان کی نظموں میں بالواسطہ طریقِ کار کے بجائے براہِ راست لب و لہجہ ملتا ہے، لیکن اس حقیقت کا اعتراف کرنا چاہیے کہ ان کی شاعری مرکزی حیثیت سے جنسی تفریق کے موضوع کو زیرِ بحث لاتی ہے۔ یہ الگ بحث ہے کہ فنّی طور پر ان کا منصب کیا متعیّن ہوتا ہے۔ ان کی ایک نظم ہے:

"میں اور ہی کوئی ہندسہ ہوں"

میں اب نیا کوئی حادثہ ہوں / میں اور ہی کوئی ہندسہ ہوں / تمھارے پہلو میں کل سے اب تک جو اک بہ صورت صفر، صفر تھی، وہ میں نہیں تھی / وہ میں نہیں ہوں / جو تجھ میں تیرے سفر کی دھن تھی / جو خود مسافر نہ ہو کے بس تیری رہ گزر تھی / وہ میں نہیں تھی / وہ میں نہیں تھی / سنو تذبذب کی برف پگھلی / میں ایک نشچپت اڑان ہوں اب / جو اک انشچپت اگر مگر تھی / میں وہ نہیں تھی / وہ میں نہیں ہوں / میں اب، نیا کوئی حادثہ ہوں / میں اب نئی کوئی انتہا ہوں / میں اور ہی کوئی ہندسہ ہوں۔ (عذرا پروین)

شاید یہ کہنے کی ضرورت نہیں کہ معاصر شعری منظرنامے میں اور جن شاعرات کی نظمیں اور غزلیں ادبی جرائد میں شائع ہوتی ہیں، ان کو بالعموم نسائی شناخت کے نقطۂ نظر سے مطالعہ کا موضوع ہی نہیں بنایا جاسکتا۔ پاکستان میں پروین فنا سیّد اور عذرا عبّاس اور ہندوستان میں شبنم عشائی جیسی معدودے چند شاعرات ایسی ہیں جو اپنی ذات کے اظہار کے مسئلے سے دوچار ہیں۔ لیکن ان کی شاعری کسی طاقت ور نسائی رجحان کی نمائندگی نہیں کرتی۔

نسائی رویّوں اور تانیثی رجحان کی پہچان اور تعیّن قدر، کے اس جائزے سے اندازہ لگایا جاسکتا ہے کہ ادبی اور تنقیدی اظہار میں تانیثیت کی شمولیت کے بعد ادبی فکر و فن کے تناظر کے افق میں کیوں کر وسعت پیدا ہوئی ہے؟ اُردو میں چوں کہ تانیثی نظریے کو کسی طاقت ور رجحان کی صورت میں ابھی پنپنے کا موقع نہیں ملا، اس لیے انفرادی کوششوں کی اہمیت کے باوجود ابھی نسائی جمالیات کی تشکیل ہونا باقی ہے۔ ظاہر ہے کہ اس نسائی جمالیات میں تانیثی نقطۂ نظر کے ساتھ ادب کی تفہیم، ہئیت و مواد کے توازن اور تخلیقی فن پاروں کے تعیّن قدر کے مسائل نئے سرے سے مرتّب ہوں گے اور اسی صورت میں ہم تانیثیت کو نظریے کی سطح سے بلند کر کے فنّی سطح تک لاسکتے ہیں۔

(۹) نئی غزل اور تانیثی حسیت مضمون نگار

شاذیہ عمیر

نئی غزل سے مراد بیسویں صدی کی چھٹی دہائی کے بعد کی غزل ہے۔ اس عہد میں جینے والوں کے مسائل اپنے پیش رو سے بالکل مختلف ہیں۔ آج پوری دنیا ایک چھوٹے سے کمپیوٹر چپس میں سمٹ گئی ہے۔ سائنس اور ٹکنالوجی نے انسانی وجود کو اس طور بے وقعت و بے توقیر کر دیا ہے کہ وہ دن دور نہیں جب چہار سو گوشت پوست کے انسان کے بجائے دھاتوں سے بنے روبوٹ چلتے پھرتے نظر آئیں گے۔ بڑے بڑے شاپنگ مالس، ہائی ٹیک سیٹی اور ایسے دوسرے بے شمار جدید ادارے اور بلڈنگس سے نیچے اتر کر جیسے ہی زمین پر رہنے والی مخلوق سے ہمارا واسطہ پڑتا ہے تو یہ دیکھ کر حیرت ہوتی ہے کہ کیا واقعی ہم اکیسویں صدی میں قدم رکھ چکے ہیں اور تہذیب کی بلند و بالا چوٹی جس پر چڑھ کر ایک طویل عرصے سے مہذب ہونے کا دعویٰ کر رہے ہیں۔ کیا واقعی ایسا ہے؟

اس کے لیے سب سے پہلے عورت کے حال و احوال کا جائزہ لینا ہو گا کیونکہ جس ملک میں عورت کی سماجی اور اقتصادی حالت بلند ہو گی وہی ملک ترقی یافتہ کہلانے کا مستحق ہے۔ آج جب تانیثیت کا اثر بڑھ رہا ہے۔ 'عورت' کا بحیثیت صنف مطالعے کے رجحان میں بھی تیزی آ رہی ہے۔ لہٰذا تانیثی تنقید کا پہلا اور بنیادی اصول یہ ہے کہ عورت ہی عورت کو سمجھ سکتی ہے گویا عورت کے بارے میں مردوں کے رائج تصورات، نظریات اور تحریریں ناقابل اعتبار ہیں۔ دوئم یہ کہ عورت اپنے سماج اور دنیا کے بارے میں ایسی

بہت سی باتیں دیکھ لیتی اور محسوس کرلیتی ہے جو مردوں کی نگاہوں سے اوجھل ہوتی ہیں۔ مزید ایک ہی وقت میں دونوں کے ذہنی رویے بھی مختلف ہوتے ہیں۔ ان نظریات وافکار کے زیر اثر اردو شاعری میں بھی تانیثی حسیّت روز بہ روز زور پکڑتی جارہی ہے اور نظموں کے ساتھ ساتھ اردو غزل نے بھی بڑی فراخ دلی سے ان تمام مسائل کو اپنے وجود میں سمویا ہے۔ جن شاعرات کے یہاں تانیثیت کی لَے اپنے پورے شدومد کے ساتھ ابھری ہے ان میں اداجعفری، زہرہ نگاہ، کشور ناہید، فہمیدہ ریاض، پروین شاکر، نسیم سید، شاہدہ حسن، عذراپروین اور شہناز نبی کا نام خاص طور سے قابل ذکر ہے لیکن اس سے قبل اس پورے تناظر کو مد نظر رکھنا ضروری ہے جس نے ان شاعرات کو وہ جرأت رندانہ عطا کی کہ وہ برصغیر کے مرد اساس معاشرے کی آنکھوں میں آنکھیں ڈال کر اپنے حقوق کے مطالبے پر آمادہ ہوئیں جن کے سامنے جھکی ہوئی گردن تک اٹھانا باعث تقصیر تھا۔

اردو غزل کی سات سو سالہ تاریخ میں عورت کی شمولیت پر نظر ڈالی جائے تو وہ ابتدا سے ہی بطور موضوع تو موجود رہی مگر بطور شاعرہ کم ہی نظر آتی ہے۔۱۷۹۸ میں دکن کی مشہور مغنیہ ماہ لقہ چندا بائی کا دیوان تو مرتب ہوا لیکن اشرافیہ طبقے کی عورتیں علم وادب کی دنیا سے دور دور ہی رہیں۔ کیونکہ قلم وکتاب سے ناطہ رکھنا بازارِ حسن کی عورتوں کا شیوہ قرار دیا جاتا رہا۔ یہی وجہ ہے کہ قدیم تذکروں میں جن شاعرات کا ذکر ہے وہ سب زیادہ تر طوائف ہیں جب کہ اشرافیہ طبقے کی شاعرات کو نظر انداز کردیا گیا۔

۱۹ویں صدی کی ابتدا کے ساتھ مغربی تہذیب وتمدن نے برصغیر کے اس معاشرے پر قدغن لگانا شروع کردیا جہاں عورتیں ہزاروں برس سے مرد کردار کی محض پرچھائیں بن کر جیتی چلی جارہی تھیں۔ نتیجہ عورت کے وجود میں جیسے ہی پہچان کا کوندا

لپکا، یہ اپنی شناخت کی جدوجہد کے لیے نکل پڑیں۔ اور یہ صیغہ تذکیر کو بیک جنبش قلم مسترد کرتے ہوئے صیغۂ تانیثیت کا استعمال کرنے لگیں۔ بیسویں صدی میں یہ رجحان مزید پروان چڑھا۔ امتہ الرؤف، نجمہ تصدق، سعیدہ جہاں مخفی، رفیعہ بانو مضمر وغیرہ نے نسائی لب و لہجے میں اظہار کرنے والی اولین شاعرات ہیں جن کے نقشِ پا نے آگے چل کر تانیثی حسیت کی علم بردار شاعرات کی ایک پوری کائنات مزین کر دی۔

ان میں سب سے اول نام ادا جعفری کا ہے جنھوں نے آزادی کے فوراً بعد ادبی حلقے میں اپنی ایک الگ شناخت بنانے کی سعی کی اور اس میں انھیں کامیابی بھی ملی۔ اگرچہ ان کی غزلیں روایت سے پوری طرح بغاوت کی طرف تو قدم بڑھاتی نظر نہیں آتیں لیکن مرد معاشرے میں ان کی آواز مروجہ رسم ورواج سے انحراف و احتجاج کی طرف مائل ضرور دکھائی دیتی ہے۔ چند اشعار دیکھیے:

ادا میں نکہت گل بھی نہ تھی صبا بھی نہ تھی
کہ مہماں سی رہوں اور اپنے گھر میں رہوں

صدیوں سے مرے پاؤں تلے جنت انساں
میں جنت انساں کا پتہ پوچھ رہی ہوں

یہی خطا کہ پجارن تھی اور نہ دیوی تھی
بڑی خطا یہ تھی کہ خود کو میں نے چاہا تھا
(ادا جعفری)

یہ اور اس قبیل کے دوسرے اشعار اس بات کا بین ثبوت ہیں کہ ادا کے یہاں احتجاج اور مزاحمت کی لَے مستقل نہ سہی لیکن وقفے وقفے سے جگنو کی طرح روشن ہوتی رہی ہے جو بعد ازاں ایک شعلۂ جوالہ میں تبدیل ہو گئی۔

زہرہ نگاہ کے ابتدائی دور کی غزلوں کے مطالعے سے یوں محسوس ہوتا ہے کہ وہ زندگی کے نرم گلابی ہاتھوں میں ہاتھ ڈالے بڑی ہی طمانیت و سرخوشی کے ساتھ وقت کے مرمریں ریگ زار پر محو خرام ہیں لیکن جب ان کا دوسرا مجموعہ کلام 'ورق' شائع ہوا تو یوں لگتا ہے کہ اب وہ مردانہ سیاست کی ایسی خاردار و کریہہ رزم گاہ میں جینے پر مجبور ہیں جس نے ان کے ہونٹوں کو تلخ و ترش الفاظ سے لبریز کر دیا ہے:

لبِ گویا تو مل گیا تھا ہمیں
حرف اظہار مدعانہ ہوا
یہ ہے انعام آبلہ پائی
ساتھ چلنے کا حوصلہ نہ ہوا
ہمیں تو عادت زخم سفر ہے کیا کہیے
یہاں پہ راہ، وفا مختصر ہے کیا کہیے

کشور ناہید کی شناخت نہ صرف یہ کہ تانیثی حسیت کی سب سے بڑی علم بردار شاعرہ کے حوالے سے ہے بلکہ انھوں نے سمون د بورا کی کتاب 'Second Sex' کا ترجمہ 'عورت' کے نام سے کر کے برصغیر کے معاشرے کو احساس دلانے کی کاوش بھی کی ہے کہ پدری ضابطۂ حیات نے تہذیب تاریخ کے ہر موڑ پر ساری ڈکشن، لفظیات، شرم و حیا کا پیمانہ، مذہب کی بندش، قوانین و رسوم، لباس و طعام، غرض شعبۂ حیات و ممات کا پیمانہ ہی اس طور خلق کیا ہے کہ عورت خود اپنے طرز سے اپنی ذات و کائنات کے بارے میں کچھ سوچنے سمجھنے کے لائق ہی نہ رہ جائے۔ لہٰذا یہ ضروری ہے کہ کلاسیکی ادب سے لے کر آج تک عورت کے بارے میں خواہ عورت نے یا مرد نے کچھ بھی لکھا پڑھا ہے اسے پھر سے Deconstruct کیا جائے تاکہ اصل صورت حال واضح ہو سکے۔ انھیں حقائق کے پیش

نظر گوپی چند نارنگ صاحب نے بھی اس بات پر زور دیا ہے کہ

"ہمارے یہاں سب سے حاوی صنف غزل ہے اور غزل میں جو معشوق کا کردار ہے وہ جفاکار اور بے وفا ہے۔ منفی طور پر ہی اردو غزل میں محبوب کے کردار کی تصویر کشی کی جاتی ہے۔ کیا اس کو دوبارہ دیکھنے کی ضرورت نہیں ہے۔۔۔۔زہر عشق کو دوبارہ دیکھیے۔ گلزار نسیم، سحر البیان اور داستانوں کا مطالعہ کریں۔ خاص طور سے فسانہ عجائب کا اور گلزار نسیم میں جو قصہ ہے گل بکاؤلی کا اس میں جو ہندوستانی عناصر ہیں اور یہ سارا ادب آپ دوبارہ دیکھیں Deconstruct کریں تو نہ صرف ہمارے ادب کی نئ معنویت سامنے آئے گی بلکہ ہمارے ادب کی ایک نئ جہت بھی سامنے آئے گی۔"[صدارتی تقریر: بیسویں صدی میں خواتین اردو ادب، مرتب: پروفیسر عتیق اللہ، ص ۳۲-۳۳]

کشور ناہید کی تانیثی حسیت بھی اسی بات پر اصرار کرتی ہے کہ ادب ہو یا معاشرہ اسے ایک خاص عینک سے دیکھنے کے بجائے کھلے دماغ اور کھلی آنکھوں سے دیکھا جائے تاکہ برصغیر کے بنائے مرداساس سماج میں عورت کو اس کا جائز حق مل سکے:

مردوں کو سب روا ہے یہ عورت کو ناروا
شرم وحیات کا شہر میں چرچا بھی ہے عجب
یہ کیا آدھے چاند پہ رونق آدھے پہ تاریکی
یہ کیا صبح تمنا ان کی، شب القاب ہمارے
میرا آنگن میری کھیتی مجھ کم ذات سی اکھڑ
تم زندہ کہ ٹوٹ کہ بکھریں کب اعصاب ہمارے
صدا بدشت بنے گی نہ یہ لہو کی تپش
لہو کے چھینٹے مگر گاہ گاہ ہوں تو سہی

کشور کی شاعری پر اکثر یہ اعتراض کیا جاتا ہے کہ ان کے یہاں مرد بیزاری بلکہ مرد دشمنی کا اظہار بہ بانگ دہل نظر آتا ہے جو فن کے لیے سم قاتل ہے۔ یہ اعتراض اپنی جگہ، لیکن کشور کی شاعری پاکستانی معاشرے کے جس حبس زدہ ماحول میں پروان چڑھی ان تمام پس منظر کو جب تک مد نظر نہ رکھا جائے ایسا فیصلہ صادر کرنا ناانصافی ہے۔

پاکستان کا وہ معاشرہ جہاں آج بھی مرضی کے خلاف عورت کی شادی قرآن شریف سے کرادی جاتی ہے۔ اس طرح عورت کو اخلاقی طور پر مجبور اور پابند کر دیا جاتا ہے وہ کسی مرد کے متعلق سوچ بھی نہ سکے تاکہ حق وراثت کسی دوسرے کے ہاتھ نہ لگے۔ سندھ صوبے کے بعض خاندان جہاں 'اونٹی' کی رسم کے تحت لڑکیوں کو سجا سنوار کر پیر صاحب کی حویلی بھیج دیا جاتا ہے کہ وہ جب چاہیں دل بہلائیں۔ ان سے ہونے والی اولاد کو حق وراثت نہیں ملتا۔ دو قبیلوں کی لڑائی میں عورت کو بطور قصاص پیش کرنے کا رواج، بھائی بہن کے بدلے کی شادی میں لڑکی چاہے بوڑھی کیوں نہ ہو جائے بھائی کے بڑے ہونے تک انتظار کی صلیب پر لٹکنا، مرضی کے خلاف اپنے باپ دادا کی عمر کے برابر مرد کے ساتھ رشتہ ازدواج میں منسلک ہونا جیسے سفاکانہ سلوک نے کشور ناہید کے دل ودماغ پر انتہائی گہرا اثر کیا۔ ایسے نامساعد حالات میں دو طرح کے رویے کا اظہار ہونا لازمی تھا۔ ایک تو خود کو کمزور اور دوسرے درجے کی مخلوق جان کر سماج کے رحم وکرم پر سر تسلیم خم کر لیا جائے۔ دوسرا زمانے کی آنکھوں میں آنکھیں ڈال کر اپنے حقوق کے لیے اعلان جنگ کرنا۔ کشور کی شخصیت چونکہ انتہائی توانا اور متحرک ہے لہٰذا انھوں نے دوسرے رویے کو حرز جاں بنالیا۔ جس کا غزل میں تو کھل کر اظہار سامنے نہیں آسکا کہ غزل کا چھوئی موئی انداز اور دو مصرعوں میں بات سمیٹنے کا انداز ایسے دلدوز سانحے کو ربط وتسلسل کے ساتھ پیش کرنے سے قاصر ہے لیکن نظم میں ان تمام صورت حال کا نہایت

ہی پر سوز بیان ملتا ہے۔ 'نیلام گھر'، 'جاروب کش'، 'میں کون ہوں' اور 'اینٹی کلاک وائز' جیسی نظمیں اس کا بین ثبوت ہیں۔ لیکن غزل کے یہ اشعار بھی ان واقعات کو ہی نشان زد کرتے ہیں:

یہ رسم ہے دیوارِ درِ گریہ کی لیکن
دریوزہ گرِ خواب تو رونے نہیں دیتا
آشوب ہے ایسا کہ سراسیمہ ہے وحشت
یہ عجز بیاں زخم بھی دھونے نہیں دیتا
آنگن میں لہو دیکھ کے روتی نہیں آنکھیں
یہ دل تو سلگتا ہے پہ جلنے نہیں دیتا
سنبھل ہی لیں گے مسلسل تباہ ہوں تو سہی
عذاب زیست میں رشکِ گناہ ہوں تو سہی

کشور کے لیے جہاں مرد دشمنی کا لفظ مخصوص کر دیا گیا ہے وہاں فہمیدہ پر مغرب زدہ عورت کا لقب چسپاں کرنے کی کوشش کی گئی ہے جب کہ فہمیدہ کی شاعری کو بھی پاکستان کے اس پس منظر میں سمجھنے کی ضرورت ہے جہاں بعض قبائل میں عورت کو اتنا سخت پردہ کرایا جاتا ہے کہ جب کبھی انتہائی ضرورت کے تحت بھی انھیں نکلنا ہوتا ہے تو راہ داریوں تک دونوں طرف مرید یا کسانوں کی بیویاں بڑی بڑی ردا پکڑ کر کھڑی ہو جاتی ہیں۔ اس طرح عورت جیپ تک پہنچتی ہے۔ بعض حویلی میں نومولود لڑکا تک نہیں جا سکتا۔ تمام عمر عورتیں کسی نامحرم کی شکل تک نہیں دیکھ سکتیں۔ ضرورتاً نکلنا پڑے تو جیپ کے شیشوں پر ملتانی مٹی لیپ دی جاتی ہے۔ کتنے ہی گھرانوں میں عورتوں کا جنازہ تک دن کے بجائے رات کو نکلتا ہے کہ بے پردگی نہ ہو ان کا قبرستان تک الگ ہے۔ ایسے زنگ آلود ذہن

معاشرے میں فہمیدہ اس طرح کے اشعار کہتی ہیں:

کیوں کھوٹ ہے میری زندگی میں
میں اس کا جواب دے رہی ہوں
کیوں جھوٹے ہیں میرے شب و روز
میں ان کا جواز بن گئی ہوں
ہاں میرے خمیر میں کجی تھی
اب خوش ہوں کہ اب بھٹک رہی ہوں
اے چوب خشک صحرا وہ باد شوق کیا تھی
میری طرح برہنہ جس نے تجھے بنایا

وجہ اس کے سوا اور کچھ نہیں کہ وہ اپنے معاشرے کو یہ بتانا چاہتی ہیں کہ شرم و حیا کا پیمانہ صرف عورت ذات کے لیے ہی مخصوص نہیں ہے۔ وہ بھی ایک جیتا جاگتا وجود ہے۔ ان کی بھی اپنی ایک ہستی ہے، جس کے سینے میں ایک بے قرار دل اور خواہشات کا امنڈ تا طوفان ہے۔ اس لیے وہ بھی کھلی فضا میں اڑان بھرنے اور فضائے بسیط کی پنہائیوں میں قلابازیاں لگانے کا حق رکھتی ہے۔ لہٰذا تخلیقی و جنسی تجربے پر مبنی نظمیں سماج کے مروج پیمانے کا منھ چڑاتی نظر آتی ہیں۔ جن میں 'لاؤ ہاتھ اپنا لاؤ ذرا'، 'زبانوں کا بوسہ'، 'زن ناپاک'، 'باکرہ'، 'ابد'، 'میگھ دوت' وغیرہ خاص طور سے نمایاں ہیں۔ اگرچہ یہ حقیقت ہے کہ نظموں کی بہ نسبت غزلیں انھوں نے بہت کم کہی ہیں۔ ان کے دوسرے مجموعہ کلام 'بدن دریدہ' میں فقط سات (۷) غزلیں شامل ہیں جن میں ایک ایسی اکھڑ اور ضدی عورت کا امیج سامنے آتا ہے جو اپنے سماج سے کٹ کر اپنی اڑان خود بھرنے کی طرف مائل ہے۔

پروین اپنے ابتدائی دور کی شاعری میں ایک ایسی دوشیزہ کے روپ میں سامنے آتی ہیں جو اپنے محبوب کی تسلیم ورضا کے آگے سر تسلیم خم کرنا عین سعادت متصور کرتی ہیں اور پل پل انھیں یہ احساس ستاتا ہے کہ اگر انھوں نے اپنے ساتھی ودم ساز کے خلاف انکار کی ہلکی سی جنبش بھی کی تو رنگوں، پھولوں، روشنیوں اور خوشبوؤں سے بسی ان کی زندگی خار دار کانٹوں کا بستر بن جائے گی۔

دھنک کے رنگ میں ساری تو رنگ لی میں نے
اور اب یہ دکھ پہن کر کسے دکھانا ہوا
یوں تری شناخت مجھ میں اترے
پہچان تک اپنی بھول جاؤں
آج کی شب میں پریشاں ہوں تو یوں لگتا ہے
آج مہتاب کا چہرہ بھی ہے اترا اترا

خوشبو سے خود کلامی اور پھر انکار تک آتے آتے پروین کے لب ولہجے میں واضح تبدیلی محسوس ہوتی ہے۔ اگرچہ ان کے یہاں مروج سماجی ڈھانچے سے بغاوت کی شدید آواز تو نہیں ملتی لیکن ایک نوع کی سرشاری، والہانہ پن اور خود سپردگی کی جگہ بے اطمینانی، تلخی اور طنزیہ انداز اس بات کا اعلامیہ ہے کہ اب 'مرد' ان کی نگاہ میں ایک ایسی ہستی نہیں رہ گیا ہے جس کے گرد پروانہ وار رقص کرنا ہی عین سعادت ہے بلکہ اب وہ یہ کہنے سے بھی نہیں چوکتیں کہ:

میں سچ کہوں گی مگر پھر بھی ہار جاؤں گی
وہ جھوٹ بولے گا اور لاجواب کر دے گا
فیصلے سارے اسی کے ہیں ہماری بابت

اختیار اپنا بس اتنا کہ خبر میں رہنا

خوشبو کہیں نہ جائے یہ اِصرار ہے بہت

اور یہ بھی آرزو ہے ذرا زلف کھولیے

پروین کے اس طرح کے اشعار مرد سماج کی ریاکاری اور دوہرے معیار زندگی پر گہرا طنز ہیں۔ ان سب کے باوجود مقبولیت وشہرت کی جو بلندی پروین کے حصے میں آئی دوسری شاعرات اس سے مستثنیٰ ہیں۔ کمسن لڑکیوں اور عورتوں نے پروین کو تو بطور خاص اپنے حافظے کا حصہ بنایا ہی بعض مرد حضرات بھی ان کی شاعری کا مطالعہ انتہائی ذوق وشوق سے کرتے ہیں۔ پروین کی شاعری کی ڈکشن جارحانہ الفاظ کے بجائے نرم ولطیف ہے۔ مرد حضرات کے لاشعور میں بھی چوں کہ عورت بمعنی نرم ونازک ہے (اردو غزل کی محبوبہ کو مد نظر رکھیے) اس لیے بھی پروین کی پذیرائی ہوئی ہے۔

مختلف مذاہب میں عورتوں کو گناہ کا منبع قرار دیا گیا ہے اور یہ روایت ہے کہ مرد کو خُلد سے نکالنے والی عورت ذات ہی ہے۔ نسیم سید نے مذہب کے اس رائج تصور کو نشانہ بنایا ہے۔ مزید عورت کو مرد کی کھیتی قرار دینا اور عورت کی آدھی گواہی کا قانون بھی دراصل عورت کے استحصال کا ہی ایک زاویہ ہے۔ مذہب کے فرمان سے اختلاف کی جرأت اس بات کا اعلامیہ ہے کہ شاعرات کے اندر اجتماع کے مقابل فرد اب پوری طرح فعال ہو چکا ہے اور اب وہ معاشرے کی بنائی شاہراہ پر چلنے کے بجائے اپنی پگڈنڈی خود وضع کرنے کی طرف مائل ہے۔

نکل کے خلد سے ان کو ملی خلافت ارضی

نکالے جانے کی تہمت ہمارے سر آئی

تو ہے مختار تجھے حق ہے تصرف پہ مرے

میں ہوں کھیتی تری تو مجھ کو بھی جاگیر میں رکھ
اپنے احساس رفاقت کا بنا مجھ کو گواہ
اور پھر میری گواہی مری تقصیر میں رکھ

عورت ہونے کا مطلب ہی خاموشی اور بے زبانی ہے۔ بچپن سے ہی لڑکیوں کو یہ تعلیم دی جاتی ہے کہ اونچا بولنا باعث رسوائی ہے۔ اسی معاشرتی جبر کو عشرت آفریں نے اپنے کلام کا موضوع بنایا ہے۔ ذاتی تجربے کو شعری پیکر عطا کرنا عشرت کا خاص وصف ہے۔

بہت ہے یہ روایتوں کا زہر ساری عمر کو
جو تلخیاں ہمارے آنچلوں میں باندھ دی گئیں
اتنا بولو گی تو کیا سوچیں گے لوگ
رسم یہاں کی یہ ہے لڑکی سی لے ہونٹ

شاہدہ حسن عورتوں کی شناخت پر خاص زور دیتی ہیں۔ عورت جو تمام عمر مرد کی رضا پر سر جھکائے اپنا آپ کھو چکی ہے، اسی گمشدہ وجود کی تلاش ان کا موضوع ہے:

میں بسر کروں کسی اور کے شب و روز کو
کوئی میری عمر گزار دے کہیں یہ نہ ہو

یاسمین حمید کا شعر بھی اسی جبر کے خلاف ہے:

آئی اس کے مقابل تو نیا بھید کھلا
مجھ کو اندازہ نہ تھا اپنی توانائی کا
میں ساتھ دیتی رہی کوئی فیض پاتا رہا
میری حیات کسی دوسرے کا بخت ہوئی

اب تک جن شاعرات کا ذکر ہوا وہ سبھی سرزمین پاکستان سے تعلق رکھتی ہیں لیکن اس کا مطلب یہ نہیں کہ ہندوستانی شاعرات کی کوئی قابل قدر تخلیق منصہ شہود پر نہیں آئی بلکہ ہمارے یہاں بلقیس ظفیر الحسن، عذرا پروین اور شہناز نبی کی غزلیں بھی تانیثیت کی لَے سے مزین ہیں۔ جن کے یہاں فکری آگہی بھی ہے اور لہجے کی انفرادیت بھی۔ ان میں بلقیس کا اختصاص یہ ہے کہ انھیں اس بات کا ادراک تو ہے کہ بچے اور گھر کو سمیٹتے سنوارتے خود ان کا وجود اور ان کی شناخت بکھر کر پارہ پارہ ہوتی جارہی ہے لیکن اس سے باہر نکلنے کا انھیں کوئی راستہ نظر نہیں آرہا ہی۔

جو بھولے بھٹکے بھی ہم مل گئے ہیں خود سے کہیں
پلٹ گئے ہیں وہیں سے جھکا کے سر چپ چاپ

کبھی کبھی دل پر جبر کر کے وہ اس سے نکلنا بھی چاہتی ہیں تو برصغیر کی ہزاروں برس کی وہ عورت جس کے لیے گھر ہی اس کا مرکز دوعالم ہے، ان کے پیروں کو اس طور اپنی گرفت میں لے لیتا ہے کہ وہ بے اختیار یہ کہہ اٹھتی ہیں کہ:

ہے میری کائنات مرا گھر نہ جاؤں میں
دیں عرش سے پرے بھی اگر دوسرا مکاں

اس کے برخلاف عذرا پروین نہ صرف یہ کہ اپنے چاروں طرف پھیلی حصار بندی سے گریزاں ہیں بلکہ یک گونہ بلند آہنگی کے ساتھ انھیں مسترد کرتی ہوئی ایک نئے معاشرے کی تشکیل کا خواب دیکھتی ہیں:

وہ میری راہوں میں آگ رکھ کر مجھے سفر سے ڈرارہا تھا
اب آگ پر ننگے پاؤں چل کر میں اس کو ڈرنا سکھارہی ہوں
میرے گھر کی چھت نے جب اپنے سائے کا بیوپار کیا

آندھی بن کر پھر خود میں نے توڑ دیا دروازہ بھی

ہندوستانی شاعرات میں عذرا کا یہی وہ انداز ہے جس نے انھیں تانیثیت کے باب میں ایک نمائندہ شاعرہ کا درجہ دے دیا ہے۔ شہناز نبی کے یہاں بھی اپنے معاشرے اور سماج سے بے اطمینانی کا اظہار تو ہے لیکن ایک نوع کا ضبط وامتناع ان کی غزلوں کا نمایاں وصف ہے:

وہ تو کھلایا ستارہ ٹوٹنے کے بعد بھی
میں کہ سورج جذب کرتی تھی مگر ذرہ رہی
اس کی پہچان کھو گئی آخر
اپنے ہی گھر میں وہ رہی تنہا

اس کے باوجود ہندوستانی شاعرات بنیادی طور پر مرد معاشرے کو اپنا دشمن ومخالفت سمجھنے کے بجائے مدمقابل (Competitor) زیادہ سمجھتی ہیں۔ کیونکہ ہندوستانی معاشرے میں عورت کی آزادی پر اس طرح قدغن لگانے کی کوشش نہیں کی گئی جیسا کہ پاکستان کے بعض شدت پسند صوبوں میں رائج ہے۔ یہی وجہ ہے کہ ساجدہ زیدی، زاہدہ زیدی، شفیق فاطمہ شعریٰ، رفیعہ شبنم عابدی، نورجہاں ثروت، شائستہ یوسف، سیدہ نسرین نقاش، شبنم عشائی وغیرہ شاعرات کے یہاں پہاڑی ندی کے شور کے بجائے آہستہ خرام دریا کی سی روانی نظر آتی ہے اور ان کے لب ولہجے میں کلاسیکی رچاؤ کے ساتھ تنہائی کا کرب، ماضی کی خوشگوار یادیں، عصری مسائل، اپنی ذات کی جستجو اور ایسے جملہ موضوعات اپنے پورے فنی لوازمات کے ساتھ موجود ہیں، جسے نئی غزل نے بطور خاص اپنی ذات میں سمویا ہے اور جو اس بات پر دال ہے کہ وہ دن دور نہیں جب ہماری شاعرات ذات سے نکل کر آفاقی شعور کے حامل اس ان چھوئے دیار کی بھی سیاحت کریں

گی جہاں پہنچ کر تخیل کے بھی پر جل اٹھتے ہیں۔

اب یہ عالم ہے کہ خود ہی دھوپ ہم سایہ بھی ہم
اب کہاں بھٹکائے گی دیوار و در کی جستجو

مصادر:

راگ راگ مٹی، عذرا پروین، ساہتیہ اکادمی، ۲۰۰۷
میں مٹی کی مورت ہوں، فہمیدہ ریاض، سنگ میل پبلی کیشنز، لاہور، ۱۹۸۸
شعلوں کے درمیاں، بلقیس ظفیر الحسن، معیار پبلی کیشنز، دہلی، ۲۰۰۴
نئے زمانے کی برہن، مرتب: اصغر ندیم سید، افضال احمد، نگ میل پبلی کیشنز، لاہور، ۱۹۹۰
اپنی نگاہ، ترتیب: جویریہ خالد و ثمینہ رحمان، اثر پبلی کیشنز، لاہور، ۱۹۹۵
بھیگی رتوں کی کتھا، شہناز نبی، سعید پریمی، کلکتہ، ۱۹۹۰
ماہ تمام، ایجوکیشنل پبلیشنگ ہاؤس، دہلی،
ساز سخن، ادا جعفری، مکتبہ جامعہ، نئی دہلی، ۱۹۸۸
چہار سو (ماہنامہ) راولپنڈی، جلد ۲۱، شمارہ جولائی اگست ۲۰۱۲
آزادی کے بعد اردو شاعری میں تانیثی حسّیت، وسیم بیگم، ایجوکیشنل پبلشنگ ہاؤس، ۲۰۱۱
بیسویں صدی میں خواتین اردو ادب، مرتب: عتیق اللہ، موڈرن پبلیشنگ ہاؤس، ۲۰۰۲
نئی غزل نئی آوازیں، اسعد بدایونی، علی گڑھ، ۱۹۸۷

***